LE MUSÉE
SAINT-RAYMOND

MUSÉE DES ANTIQUES
DE TOULOUSE

© Musée Saint-Raymond, Toulouse, 1999.
ISBN 2-909454-10-X
© Somogy, Paris, 1999.
ISBN 2-85056-345-5
Dépôt légal : deuxième trimestre 1999
Imprimé en Italie (CEE)

LE MUSÉE SAINT-RAYMOND

MUSÉE DES ANTIQUES DE TOULOUSE

par Daniel Cazes

avec la collaboration de
Évelyne Ugaglia, Lydia Mouysset, Quitterie Cazes, Vincent Geneviève et Jean-Charles Arramond

MUSÉE SAINT-RAYMOND

SOMOGY
ÉDITIONS D'ART

La rénovation du musée Saint-Raymond a été réalisée sous le haut patronage de :

Dominique Baudis
Député-maire de Toulouse

Pierre Puel
Maire-adjoint de Toulouse, chargé de la coordination des actions
culturelles

Julien Andrès
Maire-adjoint de Toulouse, chargé des musées, de l'archéologie,
de l'école des beaux-arts et de la cinémathèque

Catherine Trautmann
Ministre de la Culture et de la Communication

Françoise Cachin
Directeur des Musées de France

François Barré
Directeur de l'Architecture et du Patrimoine

Alain Bidou
Préfet de la région Midi-Pyrénées

Didier Deschamps
Directeur des Affaires culturelles de Midi-Pyrénées

Martin Malvy
Président du conseil régional de Midi-Pyrénées

Elle a été décidée et financée par la Ville
de Toulouse, propriétaire du musée, et a bénéficié
de subventions :
du ministère de la Culture et de la Communication
(direction des Musées de France, direction de
l'Architecture et du Patrimoine, direction régionale
des Affaires culturelles de Midi-Pyrénées) ;
du conseil régional de Midi-Pyrénées.

Pour la publication de cet ouvrage, coédité avec
les éditions Somogy, le musée Saint-Raymond
a reçu une subvention du ministère de la Culture
et de la Communication (direction des Musées
de France, direction régionale des Affaires
culturelles de Midi-Pyrénées).

La réouverture d'un musée est toujours un événement. Plus encore lorsqu'il s'agit de présenter les richesses historiques qui ont fondé notre civilisation. Aujourd'hui, après d'importants travaux de restauration, le musée Saint-Raymond retrouve vie et offre à nouveau aux visiteurs ses collections archéologiques.

La richesse et la qualité du fonds nécessitaient une mise en valeur plus rationnelle. Aussi, vestiges archéologiques, sculptures romaines, objets de l'Antiquité, sont organisés dans le respect de leur époque d'origine, constituant un ensemble homogène. Toulouse possède désormais au musée Saint-Raymond un outil muséographique à la mesure du patrimoine exposé.

Ainsi chacun peut-il effectuer à sa guise, dans ce Musée des Antiques, un voyage dans le temps, et revivre l'aventure de nos ancêtres qui vivaient à Toulouse et dans notre région il y a 2000 ans.

Dominique Baudis
Député-maire de Toulouse

Après plusieurs années de réflexion et de travaux, la rénovation du musée Saint-Raymond est en voie d'achèvement.

Grâce à cette démarche, prise sur l'initiative de la Ville de Toulouse avec le concours technique et financier de l'État, c'est un regard nouveau qui sera porté désormais sur les exceptionnelles collections archéologiques qui font de ce musée l'un des fleurons de la richesse patrimoniale toulousaine, mais aussi l'un des plus remarquables du Grand Sud.

Cette rénovation présente à mon sens un double intérêt, aussi bien pour les spécialistes que pour le grand public : celui de permettre une nouvelle lecture architecturale de ce témoin de l'histoire médiévale et du XVIᵉ siècle après restauration de l'édifice et, dans le même temps, celui d'offrir une vision perspective des objets présentés en soulignant la très grande qualité artistique des collections.

Un travail scientifique de longue haleine a été mené, des années durant, par l'équipe de conservateurs et de spécialistes qui a en charge ces collections. Travail d'analyse minutieux et de recherches patientes, dans lequel la part de l'intuition s'ajoute aux connaissances. L'archéologie historique est une école de rigueur qui donne tout leur prix aux connaissances qui en découlent.

Le résultat est remarquable : les collections du musée Saint-Raymond sont désormais en grande partie répertoriées avec soin, bien documentées et aujourd'hui publiées, et le souci de leur conservation a conduit la Ville de Toulouse à engager tout naturellement différentes campagnes de restauration en vue de la nouvelle présentation muséographique qui leur est destinée.

En préalable à cette nouvelle présentation, l'architecte en chef des Monuments historiques a donc mené, en étroite coordination avec la direction de l'Architecture de la Ville et les services concernés du ministère de la Culture, un projet global de réhabilitation de l'édifice, qui prend en compte tout à la fois les nécessités fonctionnelles imposées par la présence du musée et l'héritage historique que constitue par lui-même l'ancien collège de 1523, à deux pas de la basilique Saint-Sernin.

Le visiteur pourra ainsi découvrir les nouveaux espaces de présentation, et plus particulièrement le sous-sol et le second étage, qui s'ajoutent aux deux niveaux précédemment existants, dans lesquels sont disposées les œuvres les plus précieuses et les plus significatives des collections qui témoignent de l'histoire antique et médiévale de Toulouse et de sa région.

Les découvertes archéologiques récentes, résultant des fouilles en sous-sol entreprises à l'occasion de la restauration du bâtiment, forment à elles seules un ensemble particulièrement émouvant d'éléments datant des premières phases de l'histoire du lieu qui autorisent une meilleure connaissance des origines de Toulouse. Elles viennent compléter heureusement une présentation générale soignée des collections, qui permet de les rendre plus accessibles, en restitue fidèlement le contexte historique et documentaire, et, finalement, contribue à tirer davantage de plaisir encore de la visite de ce musée.

En écho à cet important chantier toulousain qui voit aujourd'hui son aboutissement, la publication de cet ouvrage pourrait apparaître, aux yeux de certains, comme secondaire au regard des travaux entrepris.

En réalité il n'en est rien, et je me réjouis personnellement de cette publication de qualité, abondamment illustrée, car elle constitue une somme de référence tout à l'honneur de ses auteurs, dans un domaine scientifique de haut niveau.

Si les importants travaux de rénovation du musée Saint-Raymond apportent d'appréciables améliorations aux conditions de conservation des œuvres, si les espaces disponibles permettent d'intensifier les actions pédagogiques et culturelles en direction des scolaires, la présente publication fera sans aucun doute mieux connaître encore les richesses de ce musée, par-delà la communauté scientifique, à l'adresse des publics les plus divers.

Le musée Saint-Raymond répond désormais parfaitement aux missions traditionnelles qui sont celles des musées conservant des collections publiques, auxquelles l'État reste très attaché, et qui justifient son soutien : conserver l'héritage d'un passé qui fonde la collectivité, l'étudier et en faciliter l'accès au plus grand nombre.

Alain Bidou
Préfet de la région Midi-Pyrénées

Il y a plus de quatre ans, le musée Saint-Raymond fermait ses portes : les Toulousains étaient privés du jour au lendemain de tout un pan de leur histoire, soit trois mille ans, de l'âge du bronze au haut Moyen Âge. Imposée par son vieillissement, la rénovation du bâtiment était l'occasion rêvée de redonner aux collections une ampleur et une modernité nouvelles, et d'enrichir leur présentation par la mise en valeur des dernières découvertes de l'archéologie et de l'histoire. L'aménagement des combles et du sous-sol permettait un redéploiement plus généreux des collections, dans un circuit plus harmonieux.

Malgré cette extension, la richesse du patrimoine archéologique du musée, un des plus prestigieux de France, a pourtant contraint le conservateur en chef, Daniel Cazes, à faire des choix. Se fondant sur l'abondance et la qualité des collections, il prit le parti de retenir deux périodes des plus brillantes de la ville, celles de Rome et des premiers temps chrétiens. La visite est proposée en trois phases, se développant chacune sur un niveau complet du musée : au second étage, présentation de l'histoire de Toulouse antique, puis, au premier, mise en lumière de la grande sculpture romaine découverte en Languedoc, sous la forme des célèbres marbres de la villa de Chiragan, au sous-sol, le monde funéraire. Les portraits impériaux, les reliefs des Travaux d'Hercule, les statues divines, illustrent la splendeur de cette part privilégiée de la Narbonnaise. Souvent importés, ils sont, de même que la céramique et les bronzes, le reflet du goût et du luxe que l'on découvre dans la cité de *Tolosa*. Les collections du haut Moyen Âge, moins spectaculaires jusqu'à présent, en ce qu'elles étaient composées de petits objets, fibules, plaques-boucles, pièces de bijouterie et d'orfèvrerie, souvent d'une qualité extrême, comme les fameuses plaques émaillées de Revel, sont enrichies des remarquables sarcophages du type du Sud-Ouest découverts à Toulouse. Leur exposition sur le site même de la nécropole paléochrétienne, d'où la plupart proviennent et dont une partie a été révélée par les fouilles archéologiques menées récemment pour le creusement du sous-sol du musée, leur donne un relief nouveau.

À cette longue attente de la réouverture, le public aura beaucoup gagné. Le musée est devenu un musée de site étroitement lié à l'histoire de la basilique Saint-Sernin. La connaissance archéologique des différents bâtiments qui se sont succédé à l'emplacement actuel du musée s'est considérablement affinée. Les collections ont retrouvé une jeunesse après une campagne de restauration. Des pièces nouvelles sont exposées, sorties des réserves, affectées par le service régional de l'archéologie, acquises récemment ou tout simplement apparues lors des fouilles du sol même du musée, du four à chaux du Vᵉ ou VIᵉ siècle et des sépultures paléochrétiennes. Une salle d'exposition temporaire, dans le tinel restauré, présente par roulement les riches fonds des réserves, en attendant une nouvelle étape dans la mutation du musée Saint-Raymond qui devrait lui permettre une extension jusqu'à rejoindre Saint-Sernin.

Je félicite la Ville de Toulouse, l'équipe du musée, l'atelier de restauration dirigé par Jean-Louis Laffont et tous ceux qui ont œuvré pour accomplir cette métamorphose. Je forme des vœux pour que ce dynamisme se poursuive, non seulement dans la vie quotidienne du musée, mais aussi dans la conception de projets sans cesse renouvelés.

Françoise Cachin
Directeur des Musées de France

Le musée Saint-Raymond rouvre ses portes après quatre ans de travaux, d'impatience, pour tous ceux, nombreux, qui avaient hâte de retrouver «leurs» collections d'archéologie antique.

Aujourd'hui, grâce à l'entêtement patient des intervenants, le fil d'Ariane est renoué et, sur une verticale d'une quinzaine de mètres, l'histoire s'est recomposée et on la réinterroge.

Il ne s'agissait pas ici de la rénovation banale d'un musée; nous savions que l'histoire de ce lieu était étroitement liée à celle de la basilique Saint-Sernin. Il aurait été «coupable» que les travaux de restauration soient réalisés sans que la «fouille» du sous-sol nous livre ses secrets. Un parti fut pris dès le début: creuser le sous-sol et agrandir ainsi le musée. Cette décision eut des conséquences espérées: faire du musée Saint-Raymond à la fois dans ses niveaux supérieurs un lieu d'exposition du très riche patrimoine que décrit cet ouvrage et, dans son sous-sol, la présentation d'un site archéologique contemporain de ses collections…

En s'abîmant dans le sous-sol du musée, on effectue un saut de quinze siècles dans le temps. On découvre alors les origines du bâtiment, son histoire tourmentée, ses mutations successives. On «trouve», on «retrouve», une partie de la nécropole de Saint-Sernin et, dans celle-ci, un four à chaux intact, implanté là sur le sol du Vᵉ siècle. Le four a fonctionné, mais le dernier chargement de fragments de sarcophages de marbre n'a pas brûlé. On a la sensation qu'un événement extraordinaire a interrompu la combustion et que les ouvriers sont partis précipitamment. On est là, spectateur, au cœur d'un événement non expliqué. L'émotion qui nous saisit rend le passé palpable. Tout dans cette rénovation semblait pourtant programmé, mais «l'on n'accède jamais pleinement à ce que l'on recherche et ce que l'on a trouvé ne correspond pas entièrement à ce qui était espéré. C'est comme une rencontre nouvelle, une découverte, en attente de leur explication et de leur utilité» (Georges Balandier).

Ces travaux ont permis d'exhumer ce que le passé avait mis en sommeil. Le monde des morts est là; le silence leur sera, partiellement, rendu. Ils ont longtemps attendu ces retrouvailles. Un travail anthropologique a été effectué sur place, enrichissant nos connaissances scientifiques sur les habitants de ce lieu.

Ce qui nous est proposé, c'est une histoire, la nôtre, celle dont nous avons un besoin violent. Parce que, voués à la disparition, nous souhaitons sauvegarder une parcelle de notre passage, pour nous retrouver, conserver, construire ou reconstruire notre identité collective en péril et échapper ainsi à notre éphémère.

Le musée Saint-Raymond est un «lieu de mémoire», à la fois bien sûr par les collections d'une grande richesse qu'il abrite, mais aussi par ce qui s'y est déroulé.

La ville du dessus et la ville du dessous vont pouvoir dialoguer; elles ont retrouvé leurs sols et sans doute que «la nuit, en collant l'oreille contre le sol, on entend une porte qui bat» (Italo Calvino).

Avec cette réouverture nous offrons aux Toulousains, pour ce proche troisième millénaire, un beau cadeau: leur propre histoire.

« Les morts apportent des innovations dans leur ville, pas très nombreuses, mais fruits sûrement d'une réflexion pondérée, non de caprices passagers. Et les vivants pour ne pas être en reste veulent le faire aussi. »

(Italo Calvino, *Les Villes invisibles*)

Julien Andrès
Maire-adjoint de Toulouse
Chargé des musées, de l'archéologie,
de la cinémathèque et de l'école des Beaux-Arts

REMERCIEMENTS

En premier lieu, il est de notre devoir de rendre hommage à nos prédécesseurs, conservateurs du musée Saint-Raymond, en rappelant ici le souvenir de Robert Mesuret (1908-1972), qui a tant fait pour que revive pleinement dans l'ancien collège Saint-Raymond le Musée des Antiques de Toulouse, et l'action de madame Jacqueline Labrousse en faveur de la restauration devenue nécessaire du bâtiment du musée et de la réorganisation de ce dernier.

Que soient aussi vivement remerciés toutes les personnes et les organismes qui, par leur aide, leur conseil, leur soutien, ont contribué à la rénovation du musée et à la réalisation de cet ouvrage :

Louis Allemant, l'abbé Georges Baccrabère, Jean Charles et Janine Balty, Patrice Béghain, Abraham Bengio, Laurence Benquet, Caroline Berne, Yves Boiret, Claude Bonrepos, Jean et Christiane Boube, Jean-Luc Boudartchouk, Richard Boudet (†), Yves Brel (†), Claude Calatayud, Monique Carreras, Sylvie Cazes, Marc Censi, Marie-Geneviève Colin, Irène Corradin, Pietro Cremonini, Geneviève Delbé, Denis Delpalillo, Monique Depraetere-Dargery, Claude Domergue, Bertrand Ducourau, Xavier Dupré i Raventós, Catherine Dupuy, Marcel Durliat, Noël Duval, Raphaël de Filippo, Georges Fouet (†), René Gachet, Catherine Gaich, Vincent Geneviève, Alain Giacobbo, Claude Gilbert, Jacques Gloriès, Jeanne Guillevic, Danielle Heude, Xavier Hiron, Joachim Hocine, Alexandre Jordan, l'abbé François Jugla, Eva Maria Koppel, Michel Labrousse (†), Christian Landes, Louis Latour, Odile Laulhère, Paolo Liverani, Gabriel Manière, Françoise Martinez-Sarocchi, Jean-Louis Martinot-Lagarde, Denis Milhau, Pierre Moreau, Julien-Daniel Murria, Florence Millet, Jean-Marie Pailler, Jean-François Peiré, Patrick Périn, Louis Peyrusse, Claude Poinssot, Henri Pradalier, Maurice Prin, Jean-Maurice Rouquette, Régis Ramière, Aurélie Rodes, Jacques Rougé, Robert Sablayrolles, Pilar Sada, Jacqueline Salvan, François Séguy, Georges Séguy, Charles Schaettel, Marie Anne Sire, Anna Mura Sommella, Françoise Stutz, Emilia Talamo, Francesc Tarrats Boù, Olivier Testard, Françoise Tollon, Aline Tomasin, Lisa Vanhaeke, Éliane Vergnolle, Adam Yedid.

Le personnel du musée Saint-Raymond : Colette Antilogus-Cailleux, Huguette Bonnet, Chantal Bordet, André Bringuier, Jacques Grange, Sylvie Lauthissier, Bernard Martinez, Lydia Mouysset, Francis Pélissier, Jasmine Rojas, Patrick Tejedor, Évelyne Ugaglia, Josette Viers et toute l'équipe de gardiennage.

L'Association des Amis du musée Saint-Raymond, présidée par Jacques Pierron, et tout particulièrement Claude Barrière, Fabienne Carme, Christine Delaplace, Violette Fernandez, Bernard Labatut, Raymonde Lavergne, Jacques Le Pottier, Gabriel Lecomte, Simone Prénat-Ville, Maurice Scellès, Jacques et Lucile Séguy.

Les archéologues qui ont mené à bien les fouilles archéologiques du musée Saint-Raymond :
- dans le bâtiment, sous la direction de Jean-Charles Arramond : Sylvie Bach, Quitterie Cazes, Laurent Grimbert, Christine Le Noheh, Laurent Llech, Pascal Noulin, Nathalie Poux et tous les bénévoles ;
- dans le jardin, sous la direction de Jean Catalo : Sylvie Bach, Sylvie Cocquerelle, David Colonge, Vincent Geneviève, Didier Paya, Sébastien Poignant.

Le Service régional de l'archéologie dirigé par Michel Vidal et en particulier Olivier Gaiffe, Jean-Emmanuel Guilbaut, Bernard Marty.

Les adjoints au Maire de Toulouse et conseillers délégués : Maïté Carsalade-Gamblin, Jean-Daniel Cotonat, Chantal Dounot-Sobraquès, Guy Franco, Marie-Hélène Le Digabel, Louis Pailhas.

Les services de la Mairie de Toulouse :
- le secrétaire général de la Mairie de Toulouse, Pierre Trautmann, et le secrétaire général adjoint chargé des affaires culturelles, Raymond Brefel puis Janine Macca ;
- le cabinet du Maire dirigé par Alain Garaude-Verdier ;
- l'Atelier de restauration des musées de la Ville de Toulouse dirigé par Jean-Louis Laffont et son personnel : Danielle Beautes, Hélène Escanecrabe, Amédée Fabre, Monique

Jeanne, Stéphane Vernette, Marcel Villeneuve ;
- le service de l'Architecture dirigé par Jean-Jacques Robart et, tout spécialement, Paul Bonrepos ;
- les Archives municipales dirigées par François Bordes ;
- la Bibliothèque municipale dirigée par Pierre Jullien ;
- le service Communication-Presse dirigé par Paul-Henri Cabrol, avec Dominique Pottier ;
- la direction des Affaires culturelles dirigée par Monique Carreras, avec Michel Palis, Lucile Dubreuil et les conférenciers des musées ;
- le service électromécanique dirigé par Jacques Caffort ;
- le service Jardins et Espaces verts dirigé par Jean-Marie Granier ;
- le musée des Augustins dirigé par Alain Daguerre de Hureaux ;
- le musée Paul-Dupuy dirigé par Jean Penent ;
- le service des Systèmes thermiques et climatiques, dirigé par Serge Palmade ;
- la direction des Systèmes informatiques dirigée par Jacques Tournet ;
- le service des Techniques de communication dirigé par Béatrice Managau et particulièrement le Département photographique.

L'Académie des sciences, inscriptions et belles-lettres de Toulouse et tout spécialement Lise Enjalbert et Paul Féron.

La Société archéologique du Midi de la France présidée par Henri Pradalier puis Louis Peyrusse.

Les architectes Françoise Ruel, Didier Saurel et Bernard Voinchet.

L'atelier de peinture de Pierre et Michelle Bellin et notamment Céline Voldoire et Philippe Poupet.

L'atelier de restauration-conservation «Archéologies» dirigé par Monique Drieux, avec Rosemarie Heulin.

Les personnels des entreprises qui se sont succédé pendant plusieurs années sur le chantier du musée :

A.M.P. / Thyssen, L'art du store, Aygobère, Baldessari, Ball, Branover, Cancel, C.E.P., Chomette, C.S. Bois, Dagand, S.A. Alain Duthu, Établissements Férignac, Midi Immo., Sarl P.R.L., Promo Sanit, Réponse, Sanègre, Sarec, S.C.O., Société d'études et réalisations mécaniques et industrielles, Socotec, S.A. Serrurie toulousaine, Signet, Ariane Tignol, SNC Tué M.H., Véritas.

AUTEURS DES NOTICES D'OBJETS

Vincent Geneviève (V.G.)
Archéologue numismate

Lydia Mouysset (L.M.)
Assistante de conservation au musée Saint-Raymond

Évelyne Ugaglia (E.U.)
Conservateur au musée Saint-Raymond

SOMMAIRE

17 INTRODUCTION

PAR DANIEL CAZES

18 Le Musée des Antiques de Toulouse
19 Saint-Raymond : un hôpital pour les pauvres
devenu collège universitaire
22 Le musée Saint-Raymond, nouveau Musée
des Antiques

Première partie

25 TOLOSA EN NARBONNAISE

PAR DANIEL CAZES

26 *Tolosa Tectosagum*
29 La *forma urbis Tolosae*
37 *Palladia Tolosa*
40 Toulouse à la fin de l'Antiquité
44 Le royaume wisigothique de Toulouse
44 Les mosaïques de Saint-Rustice
47 Autres regards sur la Narbonnaise
54 Notices d'objets

Deuxième partie

73 LES SCULPTURES ANTIQUES
DE CHIRAGAN

PAR DANIEL CAZES

75 Les temps forts des découvertes, du XVIe au XIXe siècle
76 Une vaste villa au bord de la Garonne
79 Les éléments architectoniques
85 Les Travaux d'Hercule
100 Des dieux venus d'Égypte

104 La Vénus de Martres
107 Une réplique de l'Athéna de Myron
109 Une profusion de statuettes et de petits reliefs
118 La Galerie des Empereurs
148 Notices d'objets

Troisième partie

151 LE SOUS-SOL DU MUSÉE

PAR JEAN-CHARLES ARRAMOND,
DANIEL ET QUITTERIE CAZES

153 Les nécropoles chrétiennes de *Tolosa*
154 Le sous-sol du musée Saint-Raymond :
un site archéologique
159 Messages, images et objets des nécropoles
de l'Antiquité romaine et du haut Moyen Âge
173 Notices d'objets

ANNEXES

179 Bibliographie sélective
184 Glossaire
187 Index des noms de lieux
189 Index des noms de personnes et divinités
191 Crédits graphiques et photographiques

INTRODUCTION

Pourquoi avoir installé le musée des Antiques de Toulouse auprès de la basilique Saint-Sernin, ce chef-d'œuvre de l'art roman? Chaque nouveau visiteur du musée Saint-Raymond se pose d'emblée cette question. Les fouilles réalisées dans le sous-sol du musée au début des travaux de sa rénovation introduisent la réponse que l'on peut lui apporter. Révélant une partie de la nécropole qui s'était développée à la fin de l'Empire romain autour du tombeau de Saturnin, le premier évêque de Toulouse martyrisé en 250 sous le règne de l'empereur Dèce, elles ont en

quelque sorte légitimé le choix de ce lieu pour y regrouper l'essentiel des riches collections d'antiquités romaines de la Ville de Toulouse. En effet, la seule évocation de Saturninus – que la langue d'oc transforma en Sarni puis Sernin – est ici anamnèse de l'Antiquité. Au temps où l'évêque fut traîné par un taureau au pied des marches de son temple du Capitole, *Tolosa* était une vaste et belle ville romaine de plusieurs dizaines de milliers d'habitants. Elle était déjà ocre-rouge des multitudes de briques cuites pour la construction de ses maisons et monuments, parée

La «Galerie des Empereurs» dans le cloître des Augustins. Lithographie Thierry Frères d'après un dessin d'Adrien Dauzats, 1835.

de pierres de taille enchâssées dans ses murs et de marbres sculptés. La *Passio* rédigée au début du Vᵉ siècle afin de relater le martyre de Saturnin est le plus long texte de l'histoire ancienne de Toulouse. Il est contemporain d'une première basilique élevée pour abriter et honorer le corps du saint. La base de son abside a été retrouvée à l'aplomb de la voûte en cul-de-four qui ferme la perspective de la nef majeure de l'église qui la remplaça à la fin du XIᵉ siècle. Cet admirable mémorial roman est lui-même imprégné, dans son architecture comme dans ses célèbres sculptures, de marques de la civilisation romaine, jusque dans les arcs cuspidiens du XIIIᵉ siècle des étages supérieurs de son clocher, signal majeur de la vieille ville. Le Trésor médiéval de Saint-Sernin fut aussi musée de l'Antiquité lorsqu'il transmit aux Temps modernes la fameuse *Gemma augustea* qui met en scène le triomphe de Tibère devant Auguste et Rome divinisés. Transporté à Vienne au XVIᵉ siècle, cet exceptionnel camée est aujourd'hui exposé au Kunsthistorisches Museum (Antikensammlungen). L'essence profondément latine de Toulouse transparaît dans Saint-Sernin. Suggestif est donc le dialogue engagé entre un édifice qui favorise une telle remontée dans le temps et les antiquités toulousaines. Mais, bien avant que naquît en ce lieu une telle relation culturelle, s'était d'abord formée l'impressionnante collection qui la permit.

LE MUSÉE DES ANTIQUES DE TOULOUSE

Le musée Saint-Raymond est l'héritier du *Musée des Antiques de Toulouse,* qui connut son âge d'or au XIXᵉ siècle dans les galeries du grand cloître des Augustins.

L'origine du fonds remonte aux collections d'antiquités réunies par deux illustres compagnies de savants et d'artistes actives à Toulouse au XVIIIᵉ siècle : l'Académie royale des sciences, inscriptions et belles-lettres et l'Académie royale de peinture, sculpture et architecture. Les saisies révolutionnaires firent entrer au musée créé à Toulouse en 1794 la plupart des monuments antiques qu'elles avaient rassemblés. Parmi ceux-ci figuraient les roues protohistoriques en bronze du char de Fa (Aude), des inscriptions latines recueillies en Languedoc et dans les Pyrénées, le relief des Amazones de Toulouse et le Discobole de Carcassonne.

Chargé de la recherche des antiquités sur les territoires de plusieurs départements méridionaux, Alexandre du Mège (1780-1862) fut l'âme du Musée des Antiques de Toulouse pendant toute la première moitié du XIXᵉ siècle. Au début, il ramena de nombreux autels votifs de ses tournées dans les vallées pyrénéennes. Puis vinrent d'autres objets de l'Antiquité. Son abondante collecte ne se limitait d'ailleurs pas à cette période de l'histoire : les «antiquités» étaient aussi médiévales et, dans un même élan de passion archéologique, Du Mège transportait vers son musée gisants, inscriptions et autres vestiges lapidaires provenant de cloîtres et d'églises désaffectés ou démolis. Ces œuvres font aujourd'hui partie des riches collections de sculpture et d'épigraphie du Moyen Âge du musée des Augustins. Les fouilles qu'Alexandre du Mège dirigea entre 1826 et 1830 sur le site de Chiragan favorisèrent néanmoins la dénomination de *Musée des Antiques* donnée à la collection municipale dont il devint le conservateur en 1832. Elles lui avaient en effet apporté un premier ensemble vraiment spectaculaire de portraits romains, se détachant au cœur d'un florilège de sculpture antique. Aucun musée français, hormis le Louvre, ne pouvait alors présenter une série comparable. Grâce à ces découvertes, la *Galerie des Empereurs* et la *Galerie de la Vénus*, solennellement arrangées dans le grand cloître des Augustins, furent très admirées. Du Mège en était particulièrement fier, comme le montrent nombre de ses écrits. Un passage de la deuxième version (1844), restée inédite, de sa *Description du Musée des Antiques de Toulouse* (archives municipales de Toulouse, registre 5 S 219, p. 1263) résume bien ses intentions lorsqu'il donna corps à ce musée, ainsi que la fonction qui lui était assignée : «Tel est l'ensemble des monuments qui composent le Musée des Antiquités de Toulouse. On y trouve un grand nombre d'objets qui, appréciés sous le rapport artistique, sont dignes d'attirer les regards. Mais c'est surtout comme collection historique que les diverses séries remises dans ce local offrent un intérêt puissant. En parcourant cet établissement, une jeunesse vive et ardente sentira peut-être le besoin d'une instruction solide et le désir de n'être point étrangère à la connaissance des diverses civilisations qui tour à tour ont régné dans l'ancien monde. Toulouse et le Midi de la France trouveront dans ces longues galeries une notable portion de leur gloire, de leurs antiques illustrations et celles même de nos contemporains. Il manquera sans doute encore dans ces collections si nombreuses beaucoup d'objets précieux dispersés çà et là et dont les hommes éclairés voudront prévenir la perte. Heureux celui qui les réunira, qui les conservera pour l'avenir, il rendra à son pays une partie de ses gloires passées, et bien mieux que ces empereurs auxquels la flatterie décerna une foule de titres précieux il méritera qu'on inscrive ces deux mots sous son image : RESTITUTOR URBIS. »

La Société archéologique du Midi de la France, fondée en 1831, seconda efficacement Alexandre du Mège – qui en était le secrétaire général – dans la constitution de cet extraordinaire musée. Nombre d'acquisitions majeures lui sont dues, comme par exemple les torques de Fenouillet,

les portraits julio-claudiens de Béziers ou l'épitaphe de Nymfius. Ses membres étaient au centre d'un réseau très informé des tribulations du patrimoine historique et artistique du midi de la France, toujours prêts à intervenir en faveur de sa sauvegarde. Bien des dons qu'elle reçut furent offerts, déposés ou vendus à un faible prix (cession de 1893) au musée. Ainsi déposa-t-elle encore la très belle collection d'objets du haut Moyen Âge qui lui avait été donnée en 1919 par Casimir Barrière-Flavy.

Beaucoup de collectionneurs, membres ou non de cette société, alimentèrent plus ou moins directement le musée : soit par la donation ou le legs de tout ou partie de leurs possessions, soit que la Ville de Toulouse les ait judicieusement achetées pour la collection publique. Seuls quelques cas significatifs peuvent être cités ici. En 1831 furent acquis quelques objets de Pompéi récupérés par l'architecte toulousain Antoine Bibent. En 1843, ce fut aussi la collection du comte de Clarac ; elle comprenait plus d'un millier d'œuvres, dont une importante suite de vases grecs et étrusques. Quelques-uns des plus beaux petits bronzes du musée ont fait partie de la collection du professeur d'histoire antique de l'université de Toulouse Edward Barry (1809-1879). Comme il le fit dans d'autres musées, l'État déposa en 1862 une partie de la célèbre collection Campana.

SAINT-RAYMOND : UN HÔPITAL POUR LES PAUVRES DEVENU COLLÈGE UNIVERSITAIRE

Et Saint-Raymond ? Déjà a été relevée l'appartenance pleine et entière de son sous-sol à l'aire baignée du souvenir de l'évêque martyr Saturnin. Jamais ce lien ne se défit. Il se renforça entre 1071 et 1080 lorsque fut fondé et construit en ce point un hôpital pour les pauvres. À ses débuts présidèrent notamment le comte de Toulouse Guillaume IV et l'évêque Isarn, qui était aussi prévôt de l'abbaye de Saint-Sernin voisine. La direction en fut confiée à Raymond Gairard, personnage charitable auquel est également attribuée l'administration du chantier de construction de l'église Saint-Sernin jusqu'en 1118. Il s'agit du saint Raymond dont le corps fut enseveli puis vénéré dans la chapelle de l'hôpital. À partir de ce

Aquarelle anonyme
(de Léon Soulié?)
représentant
les bâtiments du collège
Saint-Raymond
vus depuis la rue
des Trois-Renards.
Première moitié
du XIXᵉ siècle.

moment, chapelle et hôpital furent désignés par le vocable Saint-Raymond. L'université de Toulouse ayant été fondée en 1229, le pape Grégoire IX souhaita en 1233 que des étudiants pauvres fussent accueillis dans l'hôpital. À partir du deuxième tiers du XIIIᵉ siècle, l'hôpital devint donc un collège (toujours placé sous l'autorité de Saint-Sernin) et le resta jusqu'à sa suppression sous la Révolution. Les vestiges de ces premières constructions du XIᵉ et du XIIIᵉ siècle viennent d'être retrouvés par les archéologues qui, dans la troisième partie de ce livre, exposent en détail les résultats de leurs recherches.

Le collège Saint-Raymond développa au cours des siècles une architecture complexe dont toutes les phases et tous les édifices ne sont pas toujours bien connus. Le jardin actuel n'est qu'une parcelle de la grande cour intérieure autour de laquelle étaient disposés et enclos plusieurs bâtiments aux fonctions diverses: écuries, cellier, chai, cuisine, chambres, tinel (grande salle où l'on se rassemblait pour les lectures, les banquets, les fêtes...), bibliothèque, tour d'escalier, chapelle Saint-Raymond... Seul le dernier état de l'ensemble est perçu en plan et en

élévation grâce à des documents figurés. Une aquarelle datable de la première moitié du XIXᵉ siècle, qui nous a été très aimablement signalée dans une collection particulière, en est l'image la plus complète. Derrière un haut mur percé d'une porte cochère apparaissent la cour, le bâtiment actuellement utilisé par le musée, la chapelle et son campanile, un édifice en retour vers le sud (dont les baies rectangulaires sont du XVIIᵉ ou du XVIIIᵉ siècle). Tout, sauf le bâtiment du musée, fut rasé en 1852-1853 afin de dégager une vaste place autour de la basilique Saint-Sernin.

Classé monument historique, le bâtiment du musée est, avec ceux des collèges Saint-Martial (actuel hôtel de l'Opéra) et de Pierre de Foix, un rare exemple de l'architecture universitaire toulousaine telle qu'elle s'était définie à la fin du Moyen Âge. Afin de le réaliser, en 1523, le maître maçon Louis Privat avait mis en œuvre 76 000 briques planes. La façade méridionale, sur la cour, n'avait originellement que deux portes: l'une, à gauche, ouvrait sur l'office; l'autre, plus importante, à droite, surmontée des armoiries des familles alliées d'Auxillon (trois roues et une colombe) et de Saint-André (château à trois tours et trois étoiles), desservait le tinel. La troisième porte, à droite, n'a été percée qu'au XIXe siècle, à l'imitation de la première. Les sculptures héraldiques de la porte principale perpétuent l'action du prieur du collège, Mathieu de Saint-André, et de son père, Pierre de Saint-André, premier président du Parlement de Toulouse de 1509 à 1525, qui firent élever le bâtiment pour partie à leurs frais. Elles étaient répétées sur le manteau mouluré de la grande cheminée du tinel, détruite au XIXe siècle, mais dont la trace archéologique a été conservée vers l'est ainsi que la pierre sculptée centrale. Ce tinel est la plus vaste salle de l'architecture civile du XVIe siècle que l'on puisse voir à Toulouse : il vient d'être restauré dans son volume initial (20 mètres de long, 11 mètres de large, 6 mètres de haut) sous la direction de Bernard Voinchet, inspecteur général des Monuments historiques. Vers le

nord, il ne recevait que peu de lumière à travers de petites fenêtres hautes garnies de barreaux. Vers le sud, au contraire, il est abondamment éclairé grâce à trois grandes baies de pierre à meneaux et à doubles croisillons. L'office (actuel hall d'entrée du musée) ne possédait que six petites fenêtres hautes à barreaux. L'une d'elles est visible sur la façade sud mais, à sa gauche, celle qui l'accompagnait a été remplacée par Viollet-le-Duc par une grande fenêtre copiée sur celles du tinel, ce qui a altéré l'aspect originel du bâtiment. Au premier étage, la galerie-loggia à arcature gothique desservait les chambres du collège. À ces dernières correspondaient les fenêtres à croisée simple que l'on voit sur les façades ouest et nord. Surmonté de faux mâchicoulis, de gargouilles et de crénelages, l'édifice est flanqué de tourelles d'angle en surplomb (celle du sud-est est de Viollet-le-Duc) qui commandaient des canonnières.

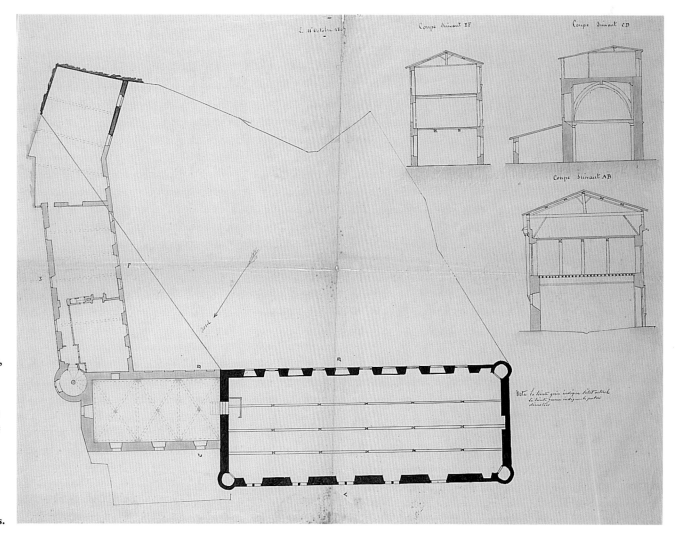

Les bâtiments subsistants de l'ancien collège Saint-Raymond avant la démolition, en 1852-1853, de la chapelle Saint-Raymond, de la tour d'escalier et de l'aile orientale (en jaune sur le plan).
On remarque aussi les coupes des trois bâtiments, dont la chapelle voûtée sur croisées d'ogives.

Le XIXᵉ siècle aurait aussi détruit ce monument si Viollet-le-Duc n'en avait saisi *in extremis* l'intérêt. Le grand architecte ne fut chargé de sa restauration, entre 1868 et 1871, qu'à la condition de le transformer en presbytère de Saint-Sernin, en modifiant complètement l'économie de ses espaces intérieurs. Le grand tinel fut alors divisé en trois parties par deux murs de refend afin de mieux y agencer les appartements du curé et des prêtres. Deux modestes escaliers de bois permirent d'accéder aux étages, se substituant au grand escalier en vis démoli en 1852-1853, qui était solidaire de la chapelle et du bâtiment oriental. Viollet-le-Duc avait surtout redonné sa place première à la toiture qui, au XVIᵉ siècle, était dissimulée par les crénelages. Cette disposition, qui imposait un écoulement des eaux pluviales dans des chéneaux s'évacuant par les gargouilles, avait été remplacée à une date indéterminée par un toit débordant passant au-dessus des merlons.

LE MUSÉE SAINT-RAYMOND, NOUVEAU MUSÉE DES ANTIQUES

Sa création est la conséquence de la dislocation, à la fin du XIXᵉ siècle, du Musée des Antiques d'Alexandre du Mège. L'opposition entre les milieux cléricaux et la municipalité de Toulouse connaissant à la fin du XIXᵉ siècle un regain de tension, les prêtres furent chassés de Saint-Raymond et, après une période d'incertitude, décision fut prise en 1891 de créer un nouveau musée dans ce qui avait pris la forme d'un presbytère. Dénommé *Musée des petites antiquités*, c'est-à-dire celles qui n'avaient plus de place au musée des Augustins après la démolition des galeries supérieures du grand cloître et les bouleversements qu'elle entraîna, il fut inauguré en 1892. Aucune notion d'ordre chronologique ou de civilisation ne justifiait alors un tel déplacement: seules les petites dimensions des œuvres, par rapport aux grandes peintures ou aux lourdes collections lapidaires des Augustins, furent prises en considération. Le nouveau musée Saint-Raymond montrait des antiquités égyptiennes, des vases grecs, des monnaies, des bijoux, des figurines de bronze ou de terre cuite de toutes époques, des petites peintures, des estampes et lithographies, des objets ou documents d'archives relatifs à l'histoire de la ville, du mobilier, une collection ethnographique, avant de recevoir des œuvres de l'Extrême-Orient et une importante collection d'horlogerie! Et bien d'autres choses encore... Autant dire que sa muséographie était plus que dense. Et pourtant, ce musée plut beaucoup. Entre les deux guerres mondiales, son succès fut grand auprès des Toulousains, qui en aimaient le caractère un peu hétéroclite. Ce «Musée de Cluny toulousain», comme on se plaisait alors à l'appeler, avait sans doute le charme des anciennes collections particulières du XIXᵉ siècle devenues musées ou que les musées de la fin du siècle avaient imitées tant la formule était appréciée: le mélange du mobilier, des peintures, des gravures, avec des vitrines où les petits objets étaient rangés selon des classifications rigoureuses. À partir de 1945, d'autres principes prévalurent. La réorganisation des musées français voulut mettre en évidence les aires des civilisations et les moments forts de celles-ci. S'ensuivit naturellement une répartition des collections de type géographique et chronologique, du moins dans des villes comme Toulouse dont le patrimoine muséographique présentait une richesse suffisante et à l'intérieur duquel se dessinaient de façon évidente des ensembles cohérents. Robert Mesuret, grand conservateur trop tôt disparu, sut comprendre l'immense intérêt d'une telle réorientation muséographique. Le nouveau musée Saint-Raymond qu'il ouvrit au public en 1950 était très différent du précédent. Son concept fondamental était l'Antiquité, dans une acception à la fois large – intégrant la protohistoire mais aussi le haut Moyen Âge – et limitée puisqu'elle était dite païenne: les manifestations du paléochristianisme étaient exclues pour les réserver à une sorte d'introduction à la visite des magnifiques collections de sculpture romane du musée des Augustins, malgré l'important hiatus chronologique qui les en séparait. Robert Mesuret avait compris que la capitale du Languedoc se devait d'avoir une institution spécifique, détachée du grand musée des Beaux-Arts, entièrement consacrée aux antiquités méditerranéennes, donc aux civilisations auxquelles Toulouse devait sa naissance et avait appartenu pendant les premiers siècles de son histoire. Définir un tel domaine était une chose, le concrétiser en était une autre. En deux étapes, en 1950 et 1961, Robert Mesuret donna vie à ce nouveau musée, qu'il structura en huit salles présentant essentiellement les antiquités grecques, la protohistoire dans le midi de la France, l'épigraphie latine, la Narbonnaise, Toulouse romaine et les sculptures de Chiragan. Avec peu de moyens, mais avec l'aide de Jean Vergnet-Ruiz, Jean Charbonneaux, François Braemer et Michel Labrousse, il opéra une sélection de grande qualité parmi les collections municipales d'antiquités et en proposa une exposition permanente aérée et pleine de sensibilité. C'est ce musée que beaucoup ont connu et qui, à quelques modifications près, fonctionna jusque dans les années soixante-dix.

Sous l'impulsion de Jacqueline Labrousse, qui succéda à Robert Mesuret, l'établissement s'ouvrit davantage vers la recherche archéologique, et un lien s'établit avec les circonscriptions des antiquités préhistoriques et historiques de Midi-Pyrénées. Les salles du premier étage accueillirent plusieurs expositions temporaires qui présentèrent, souvent en avant-première, les résultats de fouilles faites sur plusieurs sites : *La Nécropole du Frau, Toulouse antique, La Graufesenque : atelier de céramiques gallo-romain.* Le musée devenait une vitrine des activités archéologiques développées par les circonscriptions et ambitionnait une vocation régionale.

Mais cette action fut freinée par l'exiguïté du bâtiment et par ses vicissitudes, liées au mauvais état de la toiture et des superstructures. Il était fréquemment inondé, les planchers et plafonds en souffraient. Le musée fut fermé quelque temps et, en 1981-1982, Yves Boiret, inspecteur général des Monuments historiques, rétablit presque complètement en partie haute les dispositions antérieures à la restauration de Viollet-le-Duc, les jugeant plus favorables à la protection du bâtiment. Un projet de réaménagement intérieur naquit aussi, tenant compte de la nécessité d'une extension et de conditions de sécurité meilleures tant pour la conservation des œuvres que pour l'accueil du public. Des années de réflexion et divers projets furent nécessaires avant que ne fût prise, en 1994, la décision de faire procéder à ce réaménagement intérieur devenu indispensable. Pour ce faire, l'inspecteur général des Monuments historiques Bernard Voinchet et l'architecte-muséographe Françoise Ruel ont mis leurs compétences au service du nouveau musée. L'installation de la conservation et de la bibliothèque dans un bâtiment voisin, puis la construction d'une réserve neuve, ont libéré tout le bâtiment de 1523. Ainsi est-il désormais ouvert au public sur ses quatre niveaux. Au rez-de-chaussée est l'accueil, en communication directe avec le tinel, consacré aux expositions temporaires. Là seront aussi présentées, par roulement, les collections restées en réserve : protohistoriques, grecques et étrusques, romaines, de numismatique et d'épigraphie. Pour l'exposition permanente, qui occupe les deux étages et le sous-sol, le choix s'est prioritairement porté sur *Tolosa* et la Narbonnaise, l'ensemble unique de sculptures de Chiragan, l'archéologie funéraire romaine et du haut Moyen Âge. Les trois parties de cet ouvrage sont une invitation à la visite de ces ensembles. Puissent-elles faire saisir à chacun l'intérêt considérable de cette grande collection publique française.

Daniel Cazes
Conservateur en chef du musée Saint-Raymond

I

TOLOSA
EN
NARBONNAISE

Détail de l'autel romain
découvert au chevet
de la cathédrale
Saint-Étienne.

À Toulouse, l'attrait de la Méditerranée et de ses civilisations a été constant au cours de l'histoire, peut-être parce que la ville n'en est pas riveraine, sans toutefois en être très éloignée. Depuis l'Antiquité gréco-romaine jusqu'aux premiers historiens locaux modernes (Bertrand, Noguier, Catel), la perception que l'on eut de ses origines fut toujours dominée par l'évocation d'une relation filiale avec cet univers économique, politique et culturel héritier des plus anciennes créations urbaines du Proche-Orient. Si l'on ne croit plus depuis longtemps à la fondation «biblique», phénicienne ou grecque de Toulouse, comme cela avait été avancé par de nombreux érudits du XVe au XIXe siècle, son lien, au moins commercial, entre le VIe et le IIe siècle av. J.-C., avec les Grecs, les Étrusques et les Ibères demeure encore mal connu. Le site – notamment l'*emporium** de Vieille-Toulouse qui domine la ville actuelle – se trouve sur la «marche» des territoires du Levant hispanique et du Midi français, où ces civilisations ont laissé des traces. Le toponyme *Tolosa* a même été attribué par certains auteurs à la langue ibère plutôt qu'à la celte (thèse préférée par d'autres); peut-être faut-il l'inclure plus logiquement, comme l'a récemment proposé Pierre Moret, dans une aire linguistique propre aux pays pyrénéens, qui couvre les deux versants et piémonts de la chaîne.

TOLOSA TECTOSAGUM

C'est, semble-t-il, pendant le IIIe siècle av. J.-C. que les Volques Tectosages, probablement des Celtes originaires de Germanie, occupèrent le pays toulousain et soumirent les populations qui y étaient déjà installées. En 18, le géographe grec Strabon (*Géographie*, IV, 12-14), reprenant pour partie ce que Posidonios avait écrit cent vingt ans avant lui, avait noté l'intérêt de la position de *Tolosa*: «Toulouse est bâtie sur la section la plus étroite, évaluée par Posidonios à moins de 3 000 stades [540 kilomètres], de l'isthme qui sépare l'Océan de la mer baignant Narbonne [...] quand on part de Narbonne, on remonte d'abord l'Atax [l'Aude] sur une faible distance, puis on effectue la plus grande partie du trajet, soit environ 700 à 800 stades [126 à 144 kilomètres] par terre jusqu'à la Garonne, laquelle, comme la Loire, descend à l'Océan.» Pour Strabon, les fleuves navigables de la Gaule facilitaient d'enrichissants échanges de marchandises et, plus particulièrement, offraient des voies commerciales aux

* Les astérisques renvoient au glossaire, p. 184-185.

productions méditerranéennes, prenant la suite naturelle de la navigation des mers et des charrois terrestres qui assuraient les liaisons nécessaires de port à port. À sa lecture, Toulouse apparaît comme l'un de ces ports fluviaux, où les marchandises étaient transbordées de la voie de terre à la voie d'eau et vice versa. Cette vision des choses est celle d'un homme qui écrivait au début du règne de Tibère (14-37); mais l'on admet, en raison du témoignage de Posidonios, que cette situation géographique favorable de Toulouse fut, avec la force militaire et l'exploitation agricole de terres fertiles, l'un des facteurs de l'ancienne puissance des Volques Tectosages.

À cela il faut ajouter la richesse en or du pays, également soulignée par Strabon et qui impressionna plusieurs autres auteurs antiques, du Ier siècle av. J.-C. au Ve siècle ap. J.-C. On connaît les développements historiques et légendaires liés à cet or, le fameux *aurum tolosanum*. Dès le IIe siècle av. J.-C., cherchant à maîtriser la future *via Domitia*, relation terrestre entre l'Espagne et l'Italie qui donnait aussi accès aux vallées du Rhône et de la Garonne, Rome dut, dans des circonstances qui demeurent inconnues, faire alliance avec les Volques Tectosages – non sans heurts, l'ambition des Romains étant la création d'une *Provincia* dans le midi de la Gaule (la Transalpine, qui deviendra Narbonnaise sous Auguste, entre 27 et 22 av. J.-C.). L'un des épisodes de ces relations fut la révolte de Toulouse contre Rome et sa prise par le consul Cépion (Quintus Servilius Caepio) en 106 av. J.-C. Afin qu'ils fussent placés dans les caisses de l'État, Cépion s'empara des trésors sacrés de Toulouse, des «lingots d'or et d'argent déposés en partie dans les sanctuaires, en partie dans des lacs sacrés», dit Strabon en rappelant leur importance chez les Tectosages, expliquée par la «foi superstitieuse» et «le genre de vie exempt de luxe» de ce peuple. «Dans Toulouse même, écrit-il, le sanctuaire était sacré et les habitants des alentours l'avaient en grande vénération. Aussi les richesses y abondaient-elles: les consécrations d'offrandes y étaient nombreuses et personne n'aurait osé y toucher.» Toulouse possédait donc, aux IIe et Ier siècles avant notre ère, un sanctuaire majeur. Dès le Ve siècle, les historiens – Orose le premier, semble-t-il, dans ses *Histoires (contre les païens)*, V, 15, 25 – l'identifièrent avec un temple d'Apollon, se fondant, le plus souvent, sur le rapprochement des pratiques religieuses de Toulouse et de Delphes. Le grand sanctuaire grec d'Apollon aurait en effet été pillé par les Volques Tectosages en 279 av. J.-C., selon un récit de Timagène d'Alexandrie (seconde moitié du Ier siècle av. J.-C.) auquel Strabon n'accordait à vrai dire pas beaucoup de crédit. En expiation de ce sacrilège, les Tolosates auraient reconstitué chez eux

temple d'Apollon et trésors sacrés... Mais la malédiction d'Apollon parut poursuivre les détenteurs de cet or. Cépion ne put faire parvenir la totalité du butin à Rome. Son convoi fut-il attaqué par des brigands? Le consul en détourna-t-il une part généreuse à son profit? Quoi qu'il en fût, Cépion tomba à Rome sous les accusations du parti populaire, et ce d'autant plus facilement qu'il y revint en vaincu après sa défaite militaire d'Orange en 105 av. J.-C. L'*imperium** lui fut retiré. Chassé du Sénat, il vit ses biens confisqués, ses filles livrées à la prostitution, et dut s'exiler à Smyrne où il mourut peu de temps après dans le déshonneur. La chute du patricien Cépion fut interprétée comme l'effet maléfique d'un or qui, dérobé deux fois de façon sacrilège, à Delphes puis à Toulouse, ne pouvait que porter malheur. Si bien que l'expression «avoir l'or de Toulouse» devint pour les Romains l'équivalent de notre «bien mal acquis ne profite jamais», imprégné toutefois ici d'un sens religieux par le rappel du respect que l'on doit aux dieux. Si, dans cette affaire, la légende côtoie l'histoire, la réalité de cet or ne semble pas faire de doute. Les Celtes qui pillèrent Delphes, on le sait aujourd'hui, n'étaient pas venus de Toulouse, et le trésor public des Tectosages était semble-t-il surtout le produit d'un orpaillage pratiqué dans les lits de plusieurs rivières (le Tarn, l'Ariège, l'Arize, le Salat) qui, toutes, traversaient le pays toulousain. Il était normal qu'une thésaurisation publique et sacrée de cet or s'accomplît. Dans le même temps, les plus riches portaient de splendides bijoux façonnés par d'excellents orfèvres qui travaillaient selon des traditions orientales et danubiennes. De cela témoignent au musée ceux de Fenouillet et de Lasgraïsses.

On retiendra que la capitale des Tectosages était caractérisée, au IIe siècle av. J.-C., par un port sur la Garonne et un centre religieux renommé. Mais, concrètement, on ignore tout de ses limites, de l'organisation de son espace, de ses installations portuaires et commerciales, de ses habitations, de ses sanctuaires. De ce fait, on saisit l'importance des zones archéologiques de Vieille-Toulouse, qui ont fourni quantité d'informations tant sur l'histoire que sur les modes de construction en pays volque aux IIe et Ier siècles av. J.-C., c'est-à-dire dans les derniers temps de la République romaine. On doit à Michel Vidal, excellent connaisseur de ces vestiges, la synthèse des données acquises. Sur ce site – mais aussi dans le quartier Saint-Roch – ont été fouillés de nombreux puits d'un type spécifique dont certains contenaient encore des restes d'incinérations et d'ossements humains. Dans leur majorité, les chercheurs qui les ont étudiés ont reconnu un mode de sépulture autochtone. Plus récemment, Richard Boudet y a plutôt vu le résultat d'un rituel religieux incluant parfois l'enfouissement de restes humains et s'adressant à une puissance chtonienne. Ces puits renferment diverses offrandes: céramiques, services à vin, armes en bronze, etc. Ils étaient ensuite comblés d'une multitude d'amphores, entières ou cassées, qui confirment l'importance du commerce du vin d'Italie sur le site de Toulouse. Cet enrichissant négoce est connu grâce à la fameuse plaidoirie de Cicéron en faveur de Fontéius, qui avait été accusé de détournements de taxes sur ce vin alors qu'il était gouverneur de la province romaine, de 76 à 74 av. J.-C. D'une profondeur pouvant atteindre 17 mètres et de section généralement carrée de 1 mètre de côté, ces puits sont parfois armés, comme on l'a observé pour l'un d'eux daté de la première moitié du Ier siècle av. J.-C., d'un coffrage de planches de bois, régulièrement et ingénieusement assemblées, qui témoigne de l'habileté des charpentiers volques. Les secteurs d'habitat reconnus à proximité montrent des maisons quadrangulaires, au sol de terre battue, dont les murs en clayonnage et terre crue reposaient souvent sur des morceaux d'amphores, la structure la plus vigoureuse du bâtiment étant faite de poteaux et certainement de charpentes plus ou moins élaborées dont on ignore l'élévation exacte. Ces constructions étaient accessibles par des chemins empierrés, émouvants et lointains modèles des rues de Toulouse, qui furent traditionnellement pavées de galets de Garonne jusqu'à la fin du XIXe siècle. Datée du début du Ier siècle av. J.-C. et répondant aux mêmes principes constructifs était une aire sacrée en plein air, close de murs, dans laquelle fut découverte une curieuse statuette anthropomorphe, d'aspect fruste, représentant peut-être une déesse-mère.

À la fin du Ier siècle av. J.-C., une évolution se dessine avec l'installation de populations romaines. Les habitations se font plus grandes et leur orthogonalité plus régulière. Tout un système de stockage (citerne bâtie) et d'écoulement des eaux se perfectionne. Mais la grande nouveauté est l'utilisation de la brique cuite, souvent associée aux galets pour les fondations. Elle est bien sûr liée à l'installation de briquetiers, tel ce Cnaeus Pompeius Amp– [...] qui estampille ses productions antérieurement à 10 av. J.-C. Briques des murs mais aussi tuiles des toitures (tegulae et imbrices) vont désormais donner leur allure romaine aux constructions toulousaines.

Cependant, le plus important édifice connu à Vieille-Toulouse, au lieu-dit Baulaguet, est un temple construit peut-être dès le milieu du Ier siècle av. J.-C. Selon Michel Vidal, qui l'a fouillé, il avait «toute l'apparence d'une construction romaine», malgré un plan de fanum de tradition celtique. Bâtis sur une terrasse, selon un carré de 13,65 mètres de côté, ses quatre murs de briques

extérieurs, rigoureusement tournés vers un point cardinal et rythmés de colonnes engagées, formaient le pourtour d'une galerie flanquant une cella* centrale, elle aussi de plan carré, au sol surélevé et carrelé de briques. L'ensemble était couvert d'une toiture à tegulae et imbrices.

Non loin de là fut fortuitement trouvée, en 1879, la moitié droite de la dédicace gravée sur une pierre calcaire qui, avant la découverte du fameux milliaire de Domitius Ahenobarbus, près de Narbonne (120-118 av. J.-C.), fut la plus ancienne inscription latine des Gaules. Parfaitement datée de 47 av. J.-C., grâce à la mention du consul Quintus Fufius, elle rappelle l'édification d'un temple (aedes) et les aménagements de l'aire de culte adjacente (basim et solarium). L'objet de ce culte, sans doute mentionné dans la partie manquante du texte, n'est pas connu, mais plusieurs des dédicants – probablement douze – sont désignés. Deux hommes libres dont les surnoms étaient Cirratus et Surus sont associés à six esclaves: deux dont les noms sont incomplets; Diallus, esclave de Publius Attius, Hilarus, esclave de Marcus Flavius, Philodamus, esclave de Caius Volusius, Phi(o?)dar, esclave

Maquette du temple de Baulaguet, à Vieille-Toulouse, réalisée par Denis Delpalillo à partir des données de fouilles fournies par Michel Vidal.
Inv. 94.1.1

Inscription latine
de Vieille-Toulouse,
47 av. J.-C.
Inv. 31016

d'Appius Curiatus. Ce collège regroupait des esclaves orientaux et des hommes libres, romains ou italiens, venus dans le pays toulousain. Si l'on ne peut établir un lien certain avec le monument de Baulaguet, ce rare texte n'en confirme pas moins une implantation stable des Romains dès le milieu du Iᵉʳ siècle av .J.-C.

LA FORMA URBIS TOLOSAE

Dire qu'en Narbonnaise, dont *Tolosa* et sa *civitas** faisaient partie, la civilisation urbaine a fleuri plus tôt que dans le reste de notre pays est un lieu commun mais reste plus vrai que jamais. Même si l'on tient compte d'une certaine organisation des agglomérations préromaines, aujourd'hui mieux perçues, c'est bien Rome qui eut l'initiative de la création, ou pour le moins de la structuration, selon des plans ambitieux, de la plupart de nos grandes villes méridionales. Celles-ci étaient, sur la voie qui menait de l'*Urbs* à la *Gallia* et à l'*Hispania* – la fameuse *via Domitia* – comme sur celles qui s'y greffaient, le long

du Rhône et vers la Garonne, autant de relais et de centres d'attraction. Les premières raisons d'être de ce réseau étaient commerciales et militaires: l'expansion économique et politique de Rome primait sur toute autre considération.

Rome donna à *Tolosa* une forme urbaine que les vestiges connus ne permettent d'appréhender ni dans sa globalité ni dans les différentes phases de son évolution entre le Iᵉʳ siècle av. J.-C. et le début du VIᵉ siècle ap. J.-C., moment qui vit, à peine un peu plus d'un quart de siècle après la chute de l'Empire romain d'Occident (476), celle du royaume wisigothique de Toulouse (507). Toutefois, grâce au tracé de son enceinte fortifiée, dont la construction doit être placée au début du Iᵉʳ siècle, il est possible de situer la ville dans l'espace.

Intra-muros, elle occupait une superficie d'environ 90 hectares. Elle était, de ce fait, l'une des plus grandes villes antiques d'Europe, mais il est difficile d'en estimer la population (Michel Labrousse lui accordait jusqu'à 25 000 habitants aux Iᵉʳ, IIᵉ et IVᵉ siècles). Les fondations et une partie de l'élévation des remparts, tours et portes parvenus jusqu'aux XIXᵉ et XXᵉ siècles ou connus par des documents et plans plus anciens révèlent le cheminement

Plan général de Toulouse romaine.

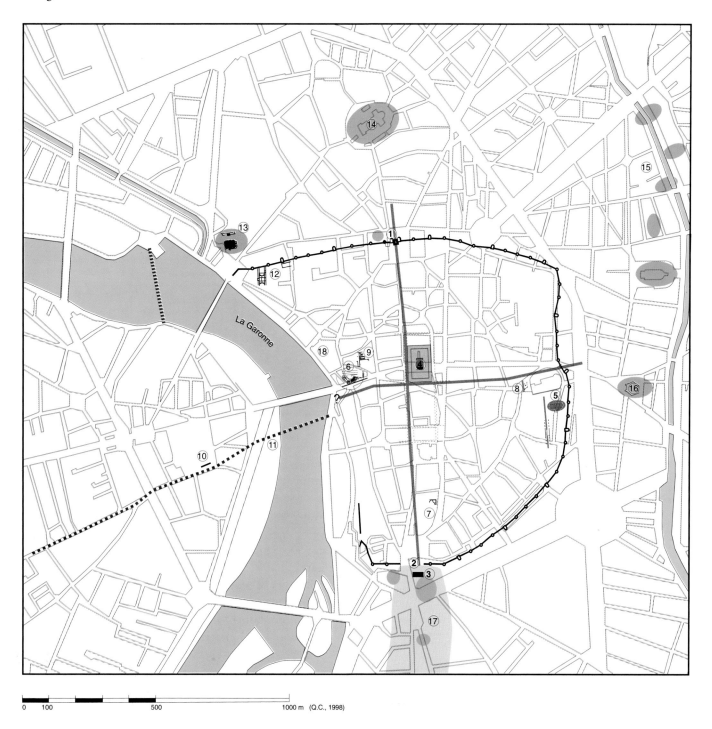

0 100   500   1000 m (Q.C., 1998)

1	Porte nord	8	Thermes de la place Saint-Étienne
2	Porte narbonnaise	9	*« Domus »* de l'hôtel d'Assézat
3	Arc de triomphe?	10	« Château » de Peyrolade
4	Temple du Capitole	11	Aqueduc
5	Temple de la rue Sainte-Anne?	12	Palais des rois wisigoths?
6	Théâtre	13	Saint-Pierre-des-Cuisines
7	Thermes de la rue du Languedoc	14	Saint-Sernin

15-16 Nécropoles orientales
17   Nécropole de la voie narbonnaise
18   La Daurade

de l'enceinte sur toute sa longueur, soit 3 kilomètres. Elle prenait naissance et fin sur la rive droite de la Garonne, depuis la berge aujourd'hui disparue de la Garonnette, en contrebas de la rue des Moulins, jusqu'à la place Saint-Pierre. Un plan d'ensemble a été réalisé à partir des données les plus sûrement et récemment établies. Le long de cette enceinte, l'abbé Georges Baccrabère a compté quarante-neuf tours et a supposé une alternance de principe de trois tours rondes pour une tour à talon (dont la saillie hors les murs était hémicirculaire ou polygonale). En fait, des contraintes urbaines, topographiques et défensives avaient imposé des variations. L'épaisseur moyenne des courtines, dans leur partie basse, est de 2,40 mètres (8 pieds romains); celle des murs des tours, d'environ 1,20 mètre. La structure de ces murs est à peu près partout la même. Sur un puissant béton de fondation *(opus caementicium)*, mélangeant de gros galets de la Garonne à un ciment très résistant, se dressent d'abord deux parements formés d'assises régulières de petits moellons en calcaire blanc interrompues par trois arases de briques qui traversent tout le mur. À l'intérieur de celui-ci, parfois compartimenté de cloisons de brique, est coulé un béton de galets semblable à celui de la fondation. Le petit appareil de moellons ne paraît pas avoir dépassé 1,80 mètre de haut. Au-dessus régnait un parement de briques qui fit dire à Ausone, dans la seconde moitié du IVᵉ siècle, que Toulouse était ceinte de murs de brique *(Ordo urbium nobilium, XIX, 99: coctilibus muris)*. La pierre était au pied des tours et des courtines afin de les renforcer et de les protéger, en cas d'assaut, du heurt des béliers.

Au cours de la seconde moitié du IIIᵉ siècle, peut-être vers 270-275, lorsque, sous le règne de l'empereur Aurélien, la menace barbare s'accentua et Rome même

s'entoura d'un rempart – qu'elle n'avait jamais construit sous le Haut-Empire –, Toulouse se protégea derrière une nouvelle fortification faisant front vers la Garonne. Nombre de monuments, essentiellement funéraires, furent alors démolis, et leurs éléments lapidaires servirent de matériaux de fondation à ce rempart. La courtine en est rectiligne, sans tour, au long des 75 mètres étudiés par Pierre Fort et l'abbé G. Baccrabère à l'Institut catholique. Elle est armée, du côté de la ville, d'une série régulière de contreforts: un tous les 3 mètres environ. Les parements de briques sont conservés sur une grande hauteur.

Si ce mur de Garonne, qui se poursuivait semble-t-il vers le nord, peut traduire la crainte d'assauts en des temps troublés, l'enceinte principale, élevée pendant la *pax romana*, reflète plutôt l'opulence d'une ville riche de son commerce et des grandes ressources agricoles du territoire dont elle était la capitale: la cité de *Tolosa*. Toujours largement ouverte vers le fleuve, veillant sur la romanité à l'extrême occident de la prestigieuse province sénatoriale de Narbonnaise, Toulouse pouvait prétendre à un rang d'honneur. Elle bénéficia du statut envié de colonie romaine, mais à partir d'une date que nous ne connaissons pas avec certitude: sous Auguste? sous l'empereur Domitien (81-96) seulement, comme le professeur Jean-Marie Pailler en a avancé l'hypothèse?

Des portes s'ouvraient dans cette enceinte: monumentales ou plus simples, comme celle du mur de l'Institut catholique qui permettait de descendre vers le fleuve. *Extra-muros*, outre les voies romaines de *Lugdunum* des Convènes (Saint-Bertrand-de-Comminges) et Dax, d'Auch et Lectoure, qui aboutissaient à Toulouse sur la rive gauche du fleuve et rejoignaient par un pont (l'ancien Pont-Vieux) la rive droite, trois grandes routes desservaient la ville par cette dernière: celle de Cahors, celle d'Albi et l'axe majeur de Narbonne. S'ajoutaient des itinéraires venant des vallées de l'Ariège, de la Garonne (en aval et en amont), de l'Agout. Les portes devaient leur position et leur importance à ces routes et au réseau des voies urbaines, mais elles ne sont pas toutes connues dans leur architecture. Ainsi n'a-t-on pas identifié celle qui sans doute précéda la porte Saint-Étienne médiévale.

La grande porte septentrionale recevait les voyageurs venant de Cahors et d'Albi. Sa maquette, présentée au musée, fut réalisée par André Müller et l'atelier de restauration des musées de la Ville de Toulouse à partir des fouilles et des observations que Michel Vidal et Michel Labrousse purent faire en 1971 avant qu'elle ne soit rasée. Dotée de trois passages et de deux tours à talon, d'une vaste cour ou salle intérieure circulaire, elle offrait des façades monumentales où la pierre, de grand appareil,

Maquette de la grande porte septentrionale de *Tolosa*.

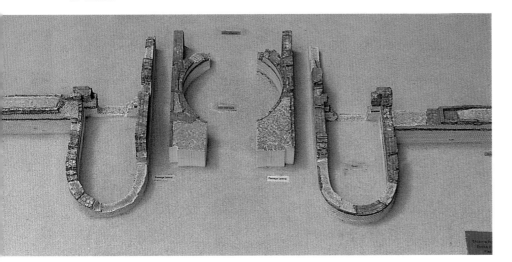

Poids de Toulouse de 1239: la porte «narbonnaise» de l'enceinte romaine de *Tolosa*?

Dessin gravé de 1556 représentant un vestige de l'arc de triomphe romain de *Tolosa*.

avait été employée. Son étendue et sa hauteur (les arcs du passage principal s'élevaient à environ 8 mètres pour une largeur proche de 4 mètres) en faisaient un imposant monument.

La grande porte méridionale marquait le terme de la voie de Narbonne. Mais on ne sait où la situer exactement ni quelle était sa structure. À cheval sur l'enceinte, ses restes, s'ils subsistent, seraient sous l'actuel tribunal de première instance. Georges Savès en reconnaissait une représentation sur le poids de Toulouse de 4 livres émis en 1239: entre deux tours ajourées de fenêtres, la porte proprement dite est surmontée d'une arcature. Intégré, avec cette porte, dans le château narbonnais médiéval, un arc de triomphe s'élevait, hors les murs, sur le passage de la voie narbonnaise. Comparable à celui d'Orange, il comportait sans doute un arc principal et deux arcs latéraux de moindre hauteur. L'un de ces derniers a fait l'objet du dessin de Servais Cornoaille reproduit dans l'*Histoire tolosaine* d'Antoine Noguier (Toulouse, 1556, p. 27). Accosté de piédestaux, colonnes et chapiteaux d'ordre corinthien, il est orné, sous un entablement mouluré, d'un trophée d'armes suspendu à un tronc d'arbre. Au pied de celui-ci sont liés deux prisonniers. Cette iconographie contribuait à la célébration de quelque gloire romaine dont une inscription dédicatoire, située au-dessus de l'arc principal, nous aurait informés si l'ensemble du monument avait été conservé. Plusieurs sections de corniches corinthiennes et un tambour de colonne cannelée en marbre ont été découverts lors de la reconstruction du palais de justice, dans les années 1830-1850. Mais on ne sait trop s'il faut les attribuer à l'un de ces deux monuments. Sur les corniches à modillons se retrouve le vocabulaire ornemental classique: feuilles d'acanthe, rosaces, billettes, denticules, perles et pirouettes.

Les deux entrées majeures sud et nord commandaient l'accès au *cardo maximus*, une rue de 9 mètres de large qui irriguait tout le réseau viaire urbain. Les rues Saint-Rome,

des Changes, des Filatiers, ne semblent pas avoir beaucoup dévié par rapport à cet axe dont elles conservent le souvenir. Un égout majeur, enfoui à environ 10 mètres sous le sol actuel, courait sous cette grande rue. Il s'agit d'une galerie voûtée suffisamment haute et large (1,90 mètre sur 0,90 mètre) pour la circulation des hommes chargés de son entretien. Elle a été fouillée en 1990-1991 par une équipe d'archéologues dirigée par Raphaël de Filippo: l'analyse archéomagnétique a daté son dallage de grosses briques de la première décennie du Ier siècle, soit la fin du règne d'Auguste. C'est donc sous le gouvernement du fondateur de l'Empire que *Tolosa* se dota d'une ample structure urbaine.

Morceau d'une corniche corinthienne provenant du palais de justice de Toulouse, Haut-Empire. Inv. 30022

Ce grand égout, mais aussi un autre, parallèle, établi sous le *cardo* secondaire, qui correspond à l'actuelle rue des Tourneurs, ont été reproduits dans la maquette qui restitue une section du centre monumental de *Tolosa*. Les recherches archéologiques menées à bien sous la direction de Raphaël de Filippo et Jean-Charles Arramond entre 1990 et 1993 sous la place Esquirol l'ont permis. Ainsi voit-on une partie du forum établie au nord-est du croisement du *cardo maximus* et du *decumanus maximus*, la grande rue ouest-est qui, du débouché du pont-aqueduc sur la Garonne, menait jusqu'à la porte Saint-Étienne. Le long du *cardo maximus* et du *cardo* secondaire, vers l'intérieur de la place, avaient été édifiés des portiques larges de 10 mètres à deux galeries. Dans l'axe de l'aire ainsi déterminée au cœur de la ville s'élevait l'un des plus grands temples romains découverts sur le sol de la France. Sa façade principale, large de 27 mètres, s'ouvrait vers le sud, au sommet d'un escalier monumental. Au pied de celui-ci était une place pavée de grandes dalles de pierre. Le forum se développait vers le sud avec sans doute d'autres édifices publics (curie*? basilique*? autres temples?). Selon Jean-Luc Boudartchouk et Jean-Charles Arramond, ce temple est le Capitole mentionné au début du Ve siècle par le texte de la *Passion de saint Saturnin*. Sur ses marches aurait commencé le martyre du fondateur de l'Église de Toulouse, que la *Passion* situe en 250, sous le règne de l'empereur Dèce.

À proximité de cette maquette sont exposés plusieurs

Inscription
mentionnant un questeur
de la tribu Voltinia.
Toulouse,
Iᵉʳ ou IIᵉ siècle.
Inv. 31011

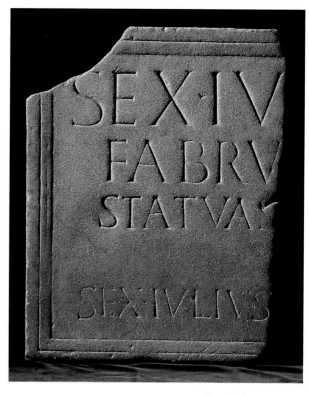

Inscription
du préfet
des ouvriers Sextus Iulius.
Toulouse,
Iᵉʳ ou IIᵉ siècle.
Inv. 31010.

éléments lapidaires découverts lors des fouilles de la place Esquirol. Un morceau de chapiteau ionique en calcaire, surmonté d'un abaque richement décoré de languettes et d'oves alternant avec des fers de lance, est daté par Alain Badie (qui étudie les morceaux architectoniques de *Tolosa*) du début du Iᵉʳ siècle. De nombreux fragments de chapiteaux et de colonnes cannelées taillés dans le même calcaire coquillier ont peut-être appartenu au temple. Des marbres évoquent d'imposants monuments; d'impressionnants placages de grandes colonnes cannelées et rudentées ont leurs équivalents à Tarragone.

De rares inscriptions nous transmettent une part de l'identité des magistrats que l'on imagine actifs sur ce forum. Ainsi sont connus un questeur* puis quattuorvir* de la tribu Voltinia, qui géra les affaires municipales au Iᵉʳ ou au IIᵉ siècle, et le préfet des ouvriers Sextus Iulius, qui à la même époque avait élevé des statues. Au cours de l'histoire antique de *Tolosa*, ils furent nombreux. Tous exercèrent un pouvoir considérable en matière d'édilité. Ils avaient fait construire l'orgueilleuse enceinte de la ville, tracer le quadrillage des rues et des égouts, distribuer une eau limpide aux citadins par le long aqueduc qui – venant de l'actuel quartier du Mirail – enjambait de ses arcs la Garonne, bâtir des thermes et d'autres édifices publics. Dans une charge municipale ou parvenus à quelque plus haute fonction, comme ce fut le cas du fameux général

Marcus Antonius Primus, qui contribua en 69 à l'accession de Vespasien à l'Empire, ou encore de Quintus Trebellius Rufus, premier flamine* du culte impérial à Narbonne et archonte* d'Athènes sous les Flaviens, les notables toulousains exercèrent l'évergétisme* alors inséparable de toute organisation sociale urbaine. Il leur valait l'estime et l'appui politique de leurs concitoyens.

Non loin du forum, mais presque au bord du fleuve, sa façade s'ouvrant sur le *decumanus maximus* par de nombreuses arcades, était le théâtre. Une partie de son infrastructure a été retrouvée fortuitement, au cours du troisième quart du XIXᵉ siècle, sous la place du Pont-Neuf, le début de la rue de Metz et les maisons de leur côté nord. Du bas vers le haut, sa *cavea* était divisée en trois zones (*maeniana*) de gradins. Le premier, exceptionnellement large de 1,38 mètre, était au contact d'une vaste *orchestra* (environ 27 mètres de diamètre). Il était sans doute réservé aux membres de la curie municipale. Dessous, un important égout collectait les eaux de pluie. Les quatre gradins suivants, interrompus par cinq escaliers qui déterminaient six secteurs (*cunei*), accueillaient les autres notables et invités de marque. L'ensemble, où prenaient place environ cinq cents personnes, formait le premier *maenianum*. Un muret le séparait de la première *praecinctio*, allée de circulation sur laquelle donnaient les *vomitoria* ou passages voûtés qui permettaient d'y accéder

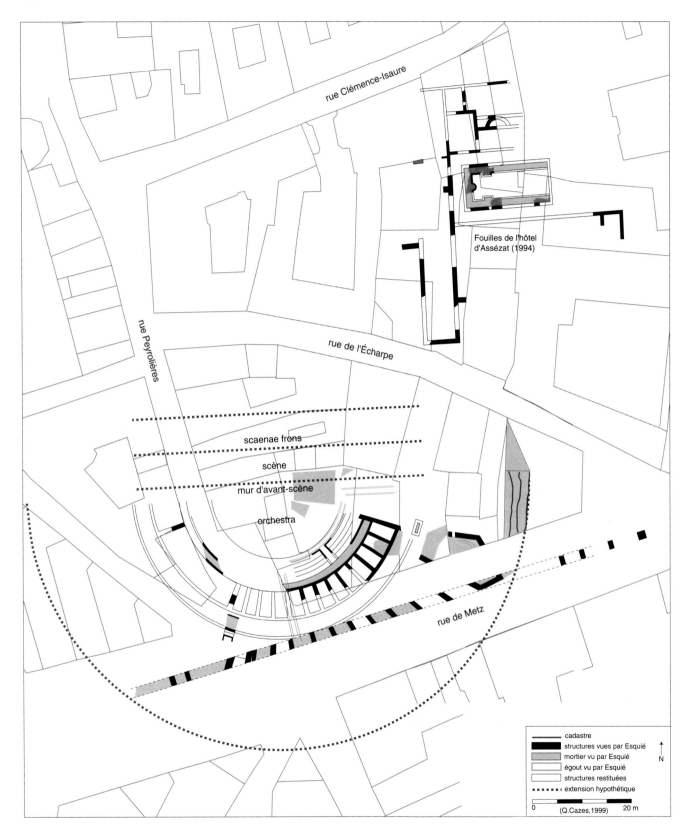

rue Clémence-Isaure

Fouilles de l'hôtel
d'Assézat (1994)

rue de l'Écharpe

rue Peyrolières

scaenae frons

scène

mur d'avant-scène

orchestra

rue de Metz

cadastre

structures vues par Esquié

mortier vu par Esquié

égout vu par Esquié

structures restituées

extension hypothétique

N

0   20 m

(Q.Cazes,1999)

Plan du théâtre romain de _Tolosa_.

depuis l'extérieur de l'édifice, après un couloir semi-circulaire intermédiaire. De cette allée, des escaliers montaient vers les gradins du deuxième *maenianum*. Au-dessus encore se développait le troisième *maenianum*, partie la plus étendue de la *cavea*. Avec un diamètre d'au moins 100 mètres, sinon plus, le théâtre de *Tolosa* figurait parmi les plus grands de la Narbonnaise. Sa *scaenae frons*, ou mur de scène, une architecture habituellement complexe, somptueuse même, combinant portes, colonnes, niches et statues, nous est inconnue. Il en est de même de la scène, du mur d'avant-scène (souvent richement revêtu de marbres ou de reliefs) et des annexes. Ces constructions ont peut-être leurs parties basses sous les maisons n°s 12 et 14 de la rue Peyrolières, qui semblent en avoir repris l'implantation. Dans les maçonneries, faites d'*opus caementicium*, de parements et d'arcs de briques, ont été remarquées plusieurs briques estampillées « SABINI » : elles datent le théâtre du Ier siècle de notre ère. Il fut donc l'une des réalisations majeures de *Tolosa*. Au-delà des spectacles scéniques organisés sous l'inspiration d'Apollon et des Muses, il était un haut lieu de la vie civique, qui s'y exprimait tout autant que sur le forum en raison des capacités considérables de rassemblement de l'édifice. La propagande impériale y trouvait un cadre privilégié : sur la *scaenae frons* apparaissait souvent la statue de l'empereur, et un culte était parfois adressé, dans l'enceinte même du monument, à son *numen* – sa force quasi divine –, comme cela est attesté dans les théâtres d'*Eburomagus* (Bram, Aude) et de Tarragone.

D'autres édifices de spectacle existèrent peut-être à *Tolosa*. On ne sait s'il y eut un cirque pour les courses de chars qui sont évoquées par un précieux gobelet de verre découvert sous la place du Capitole. *Intra-muros*, y eut-il un amphithéâtre pour les jeux de gladiateurs et les chasses ? Ou bien fallait-il pour assister à ceux-ci se déplacer assez loin de la ville, près de l'actuel hôpital Purpan, où se dressait un imposant amphithéâtre ? Connu depuis longtemps, lentement dégradé au cours du temps, ce monument a fait l'objet, entre 1984 et 1987, de plusieurs campagnes de fouilles dirigées par les professeurs Claude Domergue et Jean-Marie Pailler et Myriam Fincker (CNRS), qui en ont mieux défini l'ampleur, la structure et la chronologie. Son plan revêt la forme d'une amande. L'arène mesurait 62 mètres selon le grand axe et 46 mètres selon le petit. Les deux entrées principales, sur le grand axe, descendaient en légère pente vers le sol de l'arène, établi en contrebas de l'assise générale de l'édifice. Au-dessus du mur du *podium*, qui protégeait les spectateurs de l'assaut éventuel des animaux sauvages et les isolait des combats des gladiateurs, commençait l'ascension

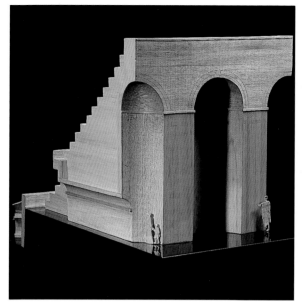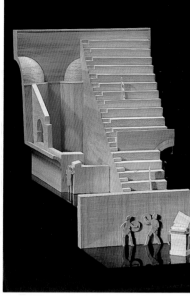

Maquette d'une section de l'amphithéâtre
de Toulouse-Purpan
réalisée en 1987
par Christine Baudou
à partir des relevés
de Myriam Fincker.
Inv. 87.3.1

des gradins. Ceux-ci reposaient sur d'énormes remblais contenus par des murs de briques et sur une série de *vomitoria* qui permettaient l'accès depuis les nombreuses entrées périphériques. Ces couloirs débouchaient dans des exèdres semi-circulaires soigneusement appareillées en briques qui alternaient avec des exèdres sans passage. Outre sa fonction de « barrage-voûte » (J.-P. Adam) retenant la masse des matériaux de la *cavea*, cette succession de niches monumentales animait l'extérieur de l'édifice. Cette originalité est partagée avec les amphithéâtres d'Ivrea (Italie) et d'Avenches (Suisse). La construction appartient à la seconde moitié du Ier siècle. L'amphithéâtre connut un agrandissement vers le milieu du IIIe siècle, selon une disposition plus légère en charpente qui masqua les façades d'origine. L'édifice fut abandonné à la fin du IVe siècle, sous l'effet de l'interdiction impériale des jeux de gladiateurs.

Cet amphithéâtre servait sans doute de cadre à des spectacles organisés lors de fêtes propres au lieu dans lequel il fut bâti : à la confluence de la Garonne et du Touch, position dominante à l'extrémité de la terrasse alluviale de l'Ardenne-Haute, d'où la vue s'étend à l'ensemble du site de Toulouse. L'abondance en sources, l'accès facile par le fleuve, expliquent l'attrait pour cet endroit depuis le néolithique. Bien qu'éloigné de 4 kilomètres de *Tolosa*, il devait entretenir avec elle une relation privilégiée. Y ont été retrouvés des habitations, aires funéraires, entrepôts et lieux de marché. À 150 mètres du confluent, une butte, escarpée vers le Touch, reste imprégnée d'un charme tout romantique. On y découvre d'abord un chaos de grands blocs parallélépipédiques en *opus caementicium*, avec parfois quelques arases de briques, puis quelques maçonneries encore en place au sommet de l'éminence qui forme un plateau vaguement rectangulaire. Celui-ci était occupé au Moyen Âge par un château et par l'église attenante de Saint-Michel-du-Touch, qui ont succédé à un bâtiment antique. Puissamment fondé sur ces blocs de béton était probablement un temple. Descendant vers le sud et longeant la Garonne, on accédait à trois ensembles thermaux reconnus, fouillés et étudiés par l'abbé Georges Baccrabère, qui en a daté la réalisation et les remaniements successifs entre le règne de Claude (41-54) et le début du IIᵉ siècle. Les thermes du sud, plus importants, s'organisaient autour d'une cour carrée dont trois côtés comportaient des portiques à colonnes de briques pavés de mosaïques, le quatrième s'ouvrant vers la *natatio* (grand bassin à escaliers angulaires qui est conservé dans le sous-sol d'un immeuble de la cité Ancely) et la palestre*. À l'opposé, on accédait au circuit traditionnel des pièces thermales: *tepidarium* (salle tiède), *laconicum* (étuve), *caldarium* (salle chaude avec baignoires), toutes trois chauffées par hypocauste*, et *frigidarium* (salle froide). Le *laconicum**, de plan circulaire (12,20 mètres de diamètre), s'inscrivait dans un bâtiment carré à niches d'angle. Une coupole le recouvrait très probablement. Temple, thermes, autres constructions et amphithéâtre formaient un ensemble. Il a été interprété par l'abbé Baccrabère comme un sanctuaire rural qui connut une grande notoriété sous l'Empire.

PALLADIA TOLOSA

Des autres temples toulousains – il y en eut certainement plusieurs dans une ville de cette superficie –, on ne sait pas grand-chose. L'historiographie de l'Antiquité toulousaine regorge d'interprétations de textes anciens, souvent trop sollicités sur ce sujet car ils ne peuvent nous apporter la moindre indication topographique ou descriptive digne d'intérêt. Au XVIIIᵉ siècle, Jean-François de Montégut reconnaissait en l'abside de l'ancienne église de la Daurade le temple d'Apollon mentionné par Orose. Écrivant en 94 à Marcus Antonius Primus, le poète latin Martial avait le premier parlé de *Palladia Tolosa*, une Toulouse placée sous la protection toute spéciale de Pallas-Minerve. L'épithète ayant connu quelque fortune chez d'autres auteurs anciens – Ausone au IVᵉ siècle et Sidoine Apollinaire au Vᵉ siècle lorsqu'ils vantèrent la réputation intellectuelle de la cité à travers Minerve, déesse inspiratrice des arts et des lettres –, les historiens de Toulouse ont cherché un temple majeur qui aurait abrité, tel le Parthénon, la statue de la déesse tutélaire. Les réalités archéologiques sont plus modestes.

Un temple païen, localisé sous l'ancienne église Saint-Jacques (actuelle chapelle Sainte-Anne), semble avoir précédé l'ensemble cathédral. Le renflement du tracé de l'enceinte dans ce secteur peut même suggérer que celle-ci avait englobé un sanctuaire préexistant. La mise au jour en 1989 et 1994, sur 40 mètres de long, d'une artère d'orientation nord-sud plus large (16 mètres) que le *cardo maximus* et qui a pu desservir ce temple laisse entendre une organisation particulièrement monumentale. En 1811, la destruction de l'église Saint-Jacques avait permis

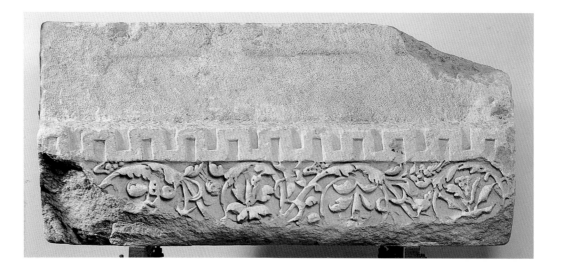

Bloc d'entablement décoré d'une grecque et d'un rinceau provenant sans doute du temple du quartier Saint-Étienne, Haut-Empire.
Inv. 30034

Grand chapiteau
corinthien
en marbre
de la cour
de l'Archevêché.
Inv. 30035

Morceau
d'une statue
cuirassée
trouvé au nord
de la cathédrale
Saint-Étienne,
Haut-Empire.
Inv. Ra 9

à Alexandre du Mège de découvrir dans ses fondations
« de gros blocs de marbre blanc, parfaitement équarris »,
qui présentaient des trous destinés à recevoir des « cram-
pons en fer ou en bronze », assurément d'un édifice
antique de grande qualité. L'un de ces blocs, retaillé, sans
doute issu d'un entablement, est orné d'une grecque et
d'un rinceau incomplet. Dans ses enroulements s'épa-
nouissent de grosses fleurs à pistils fermés, entrouverts ou
laissant s'échapper des graines. Entre les tiges principales
se faufilent des sortes de liserons. Des oiseaux peuplent ce
décor sculpté sous le Haut-Empire. La cour de l'Archevêché (préfecture) a livré le plus grand chapiteau corinthien extrait du sol toulousain, et une corniche du même
ordre a été découverte sous la place Saint-Étienne. Un
grand autel en calcaire, datable du Ier siècle de notre ère

Autel sculpté en calcaire découvert
au chevet de la cathédrale Saint-Étienne,
Ier siècle av. ou ap. J.-C.
Inv. 30045

Morceau d'un haut-relief en marbre: deux Amazones combattant un Grec, époque d'Auguste (31 av. J.-C.- 14 ap. J.-C.)? Inv. 30032

voire un peu plus tôt, apparut en 1862 au chevet de la cathédrale. Quatre têtes surgissent aux angles du dé: un Silène barbu, un Satyre imberbe, un vieillard barbu coiffé d'une perruque de théâtre et un jeune homme imberbe dont le bandeau ceignant le crâne est plissé et garni de corymbes. Dans leurs chevelures sont nouées de grosses guirlandes entourées de lemnisques dont les extrémités, taillées en léger relief, flottent sur les faces du dé. De part et d'autre des têtes, les guirlandes naissent au milieu de feuilles d'acanthe et d'épis. Elles retombent en festons alourdis de fruits. Expressives, les têtes suggèrent un contexte bachique. Sculptées de façon assez nerveuse, les pupilles marquées d'un coup de trépan, elles rappellent, entre autres, les masques de la guirlande du mausolée des Iulii à Glanum. Il faut aussi signaler dans cette zone deux morceaux de statues – une base avec un pied chaussé de la *crepida** à brides et un élément d'un personnage cuirassé – qui évoquent la présence d'une statuaire officielle. Dans la plupart de ces vestiges on verra aussi la preuve d'une mise en œuvre massive des marbres – surtout pyrénéens – dans l'architecture et les décors de la grande ville romaine. Riches et éclatants, ils ont contribué à sa splendeur.

En 1609, on crut avoir trouvé le temple de Minerve, dans une situation des plus curieuses: au milieu de la Garonne, environné d'eau, sur l'emplacement de la chaussée du Bazacle! En fait, celle-ci avait été bâtie en remployant quantité d'éléments lapidaires arrachés à

divers monuments antiques. Beaucoup d'entre eux ont aujourd'hui disparu; d'autres, très usés par les eaux, sont dans les réserves du musée et l'on portera surtout son attention sur le plus connu: un bloc de marbre dont le haut-relief représente deux Amazones au combat. À droite, la première est vêtue d'un chiton serré à la taille par une ceinture, dont l'étoffe adhère au corps et se soulève vers le bas au cours de l'action. Le sein droit est dénudé. De son bras gauche élevé, elle se protège derrière un bouclier-pelte. Du droit abaissé, elle tient une épée dont le type lancéolé appartient au monde grec. À gauche, la seconde Amazone est prise dans une ample draperie qui s'agite et s'envole. De sa main gauche, elle saisit vigoureusement la chevelure d'un homme terrassé. Celui-ci est vêtu d'une chlamyde rejetée sur le dos et se défend de son bras gauche levé. L'Amazone s'apprête à le frapper d'une arme tenue du bras droit. Les qualités monumentales de la sculpture, pleine d'animation et dont les figures sont cernées d'une rainure qui les détache du fond, sont évidentes. Il faut restituer au moins trois blocs superposés tels que celui-ci pour que la scène soit complète, constituant un relief d'environ 1,80 mètre de haut, les personnages étant à peu près de grandeur naturelle. La lutte des héros grecs (le plus souvent Hercule, Thésée et leurs compagnons) et des Amazones est l'un des sujets de prédilection de la sculpture grecque classique des Ve et IVe siècles av. J.-C. Les frises du temple de Phigalie-Bassae (fin du

Vᵉ siècle av. J.-C.) ou du mausolée d'Halicarnasse (vers 353 av. J.-C.) en sont des exemples célèbres. Le thème rappelait la victoire des Grecs civilisés sur les peuples barbares du Nord et de l'Orient, dont les sauvages Amazones étaient l'image. Rome le reprit à son compte: est significatif le transfert, autour de 30 av. J.-C., dans le tympan du temple d'Apollon Sosien, d'un groupe d'iconographie semblable sculpté pour un temple grec des années 450-425 av. J.-C. Ces figurations métaphoriques furent fréquemment utilisées par la propagande augustéenne après la bataille d'Actium (31 av. J.-C.). Le morceau toulousain s'inscrit probablement dans ces perspectives idéologiques et politiques: son appartenance à l'un des monuments majeurs – un temple? – de la ville antique ne fait aucun doute.

TOULOUSE
À LA FIN DE L'ANTIQUITÉ

Le christianisme et les mutations politiques et administratives de la fin de l'Antiquité contribuèrent à modifier progressivement le visage de Toulouse. La ville est alors en pleine prospérité économique, comme en témoignent les modifications des tracés des rues, la réorganisation des égouts et l'expansion de l'habitat constatées lors des fouilles archéologiques de ces dernières années. L'enceinte du Iᵉʳ siècle est conservée, la trame orthogonale des rues respectée dans ses grandes lignes, mais la destruction du temple de la place Esquirol autour de 400, la réutilisation probable en église de celui de la rue Sainte-Anne, l'édification du groupe épiscopal et de la Daurade, font évoluer Toulouse vers la ville médiévale.

Implanté à Rome dès le Iᵉʳ siècle, à Lyon vers le milieu du siècle suivant, le christianisme est attesté à Toulouse en 250. La *Passio Sancti Saturnini*, rédigée au début du Vᵉ siècle, raconte comment, à cette date, le «très saint homme Saturnin, évêque de la cité de Toulouse» – donc d'un diocèse correspondant au territoire dont la ville était le chef-lieu –, desservait, avec ses deux diacres et un prêtre, une petite église. On ne sait rien de ce premier lieu de culte, peut-être aménagé dans une construction déjà existante comme cela était le cas à Rome à la même époque. La *Passio* indique que Saturnin ne résidait pas près de son église et qu'il devait passer devant le Capitole pour parvenir à la «maison de Dieu». En 250, il fut arrêté devant ce temple, sans doute en application de l'édit publié par Dèce en janvier de cette même année: celui-ci

Base, colonne et chapiteau découverts lors de la démolition en 1811 de l'ancienne église Saint-Jacques, IVᵉ ou Vᵉ siècle. Inv. 30033

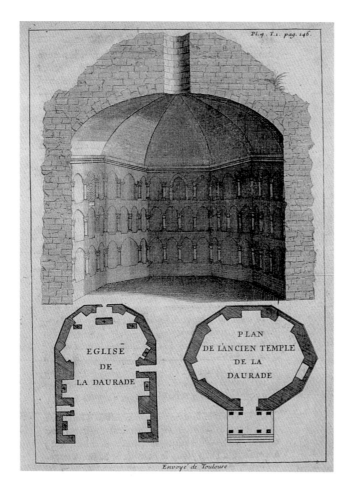

La Daurade
à Toulouse.
Planche publiée
par dom
Jacques Martin
dans *La Religion
des Gaulois* (Paris,
1727, pl. IV).

l'existence d'une église, plus tard dédiée à saint Jacques, alors que quelques éléments archéologiques permettent de soupçonner la présence d'un baptistère sous l'actuelle cour Sainte-Anne, près d'une probable autre église dédiée au protomartyr Étienne.

La Daurade

À l'intérieur des murs de la ville, le plus ancien sanctuaire chrétien qui se laisse vraiment deviner était la vaste abside à cinq pans de l'ancienne église du prieuré bénédictin de la Daurade, malheureusement détruite en 1761. Ce fut la perte d'un exceptionnel vestige du monument le plus singulier et le plus énigmatique de la fin de l'Antiquité à Toulouse. Si l'on y reconnaît généralement l'église Sainte-Marie, dont la première mention, en 584, se trouve dans l'*Histoire des Francs* de Grégoire de Tours, rien n'assure que telle fut la destination originelle de l'édifice. Seuls quelques documents, du XVIe au XVIIIe siècle, parfois confus et non concordants, permettent aujourd'hui d'en imaginer certains aspects, sans pour autant nous donner la faculté d'en restituer un dessin indiscutable. Cette abside s'ouvrait vers la nef médiévale de l'église de la Daurade sur une largeur d'environ 14 mètres. Sur la partie intérieure de ses murs couraient trois arcatures superposées qui intégraient des bases, colonnes, chapiteaux et tailloirs en marbre soigneusement sculptés et moulurés. Trois types de colonnes et de chapiteaux différents participaient à ce magnifique décor architectural et sont représentés au musée Saint-Raymond. Les colonnes à cannelures torses peu profondes portaient sans doute les chapiteaux corinthiens ; d'autres, à cannelures torses profondes, les chapiteaux composites ; les dernières, à rinceaux de vigne montant d'un bouquet de feuilles d'acanthe, les chapiteaux dits «ioniques» qui montrent en fait un enroulement frontal d'acanthe. La place respective de ces colonnes ne peut toutefois être rétablie avec certitude, même si l'on a pu suggérer l'étagement, courant dans l'Antiquité, des trois ordres. Aux IVe et Ve siècles, dans l'architecture privée (maison d'Amour et Psyché à Ostie) et religieuse, on trouve ce goût pour l'animation des grands murs de briques par des colonnes et des niches. Dans la seconde moitié du IVe siècle, beaucoup de sarcophages paléochrétiens ont également adopté ces arcatures à colonnes torses et ornées de pampres. À la Daurade, niches et murs étaient de plus occupés par un décor de mosaïque répondant à un ambitieux projet iconographique: prophètes, Hébreux dans la fournaise, sacrifice d'Abraham, scènes de l'enfance de Jésus, Christ et Vierge

obligeait tous les citoyens de l'Empire à sacrifier publiquement aux dieux du paganisme. Ainsi devaient-ils manifester leur fidélité aux pratiques religieuses traditionnelles de Rome et, à travers elles, leur unanimité autour de l'État menacé par les barbares. Accusé de troubler les oracles, puis sommé de sacrifier, Saturnin refusa héroïquement l'apostasie. Il fut alors attaché par les pieds au taureau que l'on devait immoler. Celui-ci, piqué à vif, entraîna dans sa fuite furieuse le corps bientôt brisé et privé de vie de l'évêque. Selon la *Passio*, au sein d'une communauté chrétienne encore peu nombreuse et terrorisée, il se trouva deux pauvres femmes courageuses qui, près de l'endroit où le taureau avait abandonné le corps, se risquèrent à l'ensevelir dans une fosse très profonde.

Après ce premier épisode, il fallut sans doute plus d'un siècle pour que le christianisme s'imposât à Toulouse. C'est probablement dans la seconde moitié du IVe siècle que se structure le groupe épiscopal primitif, qui a dû comprendre deux églises, comme une charte l'atteste pour la période carolingienne. La colonne et le chapiteau présentés dans la cour du musée témoignent sans doute de

Les trois types
de colonnes
et de chapiteaux
des arcatures
de l'ancienne
Daurade,
IVᵉ ou Vᵉ siècle.
Inv. Ra 500 et 81.2.2

accompagnés de quatre archanges, collège des apôtres, avec de nombreux autres thèmes ornementaux et symboliques de l'art paléochrétien (paons et canthares). Ces mosaïques, pour la plupart à fond d'or, avaient fait la réputation de l'église (*Deaurata*: Daurade). Peut-être n'étaient-elles pas contemporaines des niches et de leurs colonnes. Une voûte en coupole, dont le sommet était percé d'un oculus, appartenant probablement à la construction d'origine, couvrait encore ce bâtiment au XVIIe siècle mais fut détruite en 1703. En 1727, le bénédictin dom Martin, se fondant sur la forme de cette coupole, crut reconnaître un temple païen à plan centré, décagonal, rappelant le Panthéon de Rome. Depuis, bien d'autres hypothèses ont été proposées, qu'elles aillent dans le sens d'un temple païen transformé en église de la Vierge après le concile d'Éphèse (431), d'une fonction civile ou encore d'une église dès l'origine. Celles qui ont la plus grande faveur voudraient lier étroitement cette splendide Daurade primitive à l'installation à Toulouse des rois wisigoths: elle en aurait été la salle palatine, la chapelle royale, la cathédrale arienne, voire le mausolée. Mais, aucun argument n'étant déterminant, la question reste ouverte.

Le palais des rois wisigoths?

La même incertitude plane sur un grand bâtiment du Ve siècle mis au jour en 1988 par Raphaël de Filippo et son équipe d'archéologues sur l'emplacement de l'actuelle place de Bologne. Détruits, ces passionnants vestiges ont été scrupuleusement reproduits par Denis Delpalillo sur une maquette exposée au musée. L'ordonnance de ce grand édifice, dont une extrémité s'adossait au rempart du Ier siècle et l'autre rejoignait probablement le mur qui protégeait la ville vers la Garonne, était monumentale. Sa façade était tournée vers l'ouest, comme pour accueillir directement des visiteurs venant de l'extérieur de la ville romaine et arrivant par le bord du fleuve. L'entrée se faisait à travers un avant-corps central. De part et d'autre de l'axe de celui-ci, la distribution était parfaitement symétrique, qu'il s'agit d'un groupe central de grandes pièces ou des longues galeries ouest et est flanquant de vastes cours (?) se refermant en hémicycles. Sans autres preuves que l'ampleur solennelle du plan de l'édifice et sa datation, a pu être avancée l'hypothèse du palais des souverains wisigothiques de Toulouse, ou du moins d'une de

Maquette des vestiges du rempart du Ier siècle et d'un grand bâtiment du Ve siècle découvert à Toulouse sur l'emplacement de l'actuelle place de Bologne, réalisée par Denis Delpalillo à partir de données fournies par Raphaël de Filippo. Inv. 92-2-1

ses parties. Les historiens avaient jusque-là recherché ailleurs (château narbonnais, «château» de Peyrolade, Daurade…) ce fameux palais évoqué par Sidoine Apollinaire lorsqu'il fit un portrait flatteur du roi Théodoric II. Les rois y conservaient leur célèbre trésor fait, certes, de monnaies et d'objets précieux, mais aussi de la bibliothèque et des archives du royaume. Dans ses vastes écuries piaffaient des chevaux de race.

LE ROYAUME WISIGOTHIQUE

DE TOULOUSE

Roi des Wisigoths de 415 à 420, Wallia avait fait de Toulouse en 418 la capitale d'une entité circonscrite par l'Océan, les Pyrénées et la vallée de la Garonne, créée grâce au consentement de l'empereur romain d'Occident Honorius. Pour l'Empire affaibli, fixer territorialement un peuple barbare qui, depuis la fin du IVe siècle, avait erré, pillant plusieurs provinces, de l'Orient vers l'Occident, et s'était même rendu coupable, en 410, sous la direction d'Alaric Ier, du traumatisant sac de Rome, permettait de rétablir la paix civile. Mais elle fut de courte durée car le successeur de Wallia, Théodoric Ier, roi de 420 à 451, la rompit, avec la ferme intention d'étendre sa domination jusqu'au Rhône et aux rives de la Méditerranée. Assiégeant d'abord sans succès Arles et Narbonne (437), il s'empara en 438 de Carcassonne. Le péril de l'invasion hunnique ressoudant Goths et Romains, Théodoric fut, en 451, l'un des héros – et des morts – de la fameuse bataille des Champs Catalauniques qui mit Attila en déroute. Son fils Thorismond fut alors élu roi des Wisigoths pour un bref règne, de 451 à 453. Après avoir vainement tenté une nouvelle fois le siège d'Arles, véritable symbole du pouvoir romain dans le Midi, il fut assassiné à Toulouse par ses frères Frédéric et Théodoric. Ce dernier le remplaça sur le trône, devenant le deuxième souverain wisigoth de ce nom. Détenteur de la seule puissance effective en Occident mais ne pouvant, en raison de ses origines barbares, revêtir lui-même la pourpre impériale, il donna toutefois une éclatante manifestation de son pouvoir – difficilement acceptée par le Sénat et le peuple de Rome – en proclamant empereur d'Occident, en son palais de Toulouse, dans les premiers jours du mois de juillet de l'année 455, son ancien professeur de latin Marcus Flavius Avitus, beau-père du poète Sidoine Apollinaire. Sous son autorité, le royaume de Toulouse com-

mença à s'étendre dans le centre et l'ouest de la péninsule Ibérique. Théodoric II fut tué en 466 sur l'ordre de son frère Euric, qui fut élu roi à sa place. Ce dernier soumit presque toute l'Espagne, agrandit son domaine vers le nord, jusqu'à la Loire, et prit enfin Arles où vacillaient les dernières lueurs de l'Empire romain. Il mourut en 484 dans cette ville, laissant la couronne et l'État le plus vaste d'Occident à son fils Alaric, deuxième du nom.

Si Rome s'est bel et bien effondrée en cette fin du Ve siècle, les Goths ont paradoxalement maintenu en grande partie sa législation et sa civilisation. Une minorité wisigothique détenait l'essentiel du pouvoir, au sein d'une population majoritairement d'origine romaine. À cette dernière s'appliquait toujours le droit romain, qui fut ainsi conservé et transmis par les Wisigoths (*Bréviaire* d'Alaric II). La langue gothique se mêlait au latin. Paganisme, catholicisme et arianisme se côtoyaient dans une certaine tolérance. Cette société mélangée ne manquait pas pour autant de rudesse, et l'esclavage s'y maintenait. Néanmoins, ces barbares s'étaient civilisés, et un poème du sénateur-évêque Sidoine Apollinaire rappelait qu'en ces temps glorieux où Toulouse était capitale la puissante Garonne renflouait de ses eaux le «Tibre affaibli». Loin de disparaître en 507 avec la bataille de Vouillé, où Clovis tua Alaric II, ce singulier État romano-germanique, amputé par les Francs du Sud-Ouest et de sa capitale, survécut en Septimanie et en Espagne. Après Narbonne, Barcelone et Mérida, Tolède récupéra, de façon prestigieuse, les anciennes fonctions royales de Toulouse.

LES MOSAÏQUES

DE SAINT-RUSTICE

À l'Antiquité tardive (IVe ou Ve siècle) appartiennent aussi les morceaux d'une belle mosaïque mise au jour en 1833 à Saint-Rustice (25 kilomètres au nord-ouest de Toulouse). Ils témoignent de la splendeur de l'art alors déployé dans les environs de *Tolosa*, pour de hauts personnages épris de mythologie, par des mosaïstes de talent. L'ensemble décorait une salle de 13 mètres de long pour environ 2,80 mètres de large, sur laquelle s'ouvraient six absides (trois sur chacun des grands côtés). Éric Morvillez a suggéré qu'il pouvait s'agir de l'*apodyterium* (vestiaire) des thermes d'une vaste villa. Le plan de celle-ci n'est pas connu. Seul est parvenu jusqu'à nous le dessin sommaire de cette mosaïque, tracé par Théodore Chrétin. Il permet

Mosaïque:
tête d'Océan.
Saint-Rustice,
IVe ou Ve siècle.
Inv. 30019 a

de replacer dans leur contexte architectural les différents morceaux aujourd'hui exposés séparément dans le musée. Le programme iconographique, de thématique marine, était particulièrement développé. La place centrale était réservée, à mi-parcours de la salle, au dieu Océan. Sa tête, haute de plus de 2 mètres, apparaît, dans une mise en scène grandiose, sur le fond d'une lourde et somptueuse tenture rouge dont les quatre coins sont tendus par des amours portant un collier à *bulla* et des bracelets.

Contrastant avec les bandes d'ornements de l'étoffe, le titan Océan prend un relief saisissant. Tout en lui respire la puissance : le regard à la fois fascinant et bienveillant, la masse des joues, l'abondance déferlante de la chevelure, les deux oreilles en larges cornets d'où s'échappent des serpents marins, les ondulations de la barbe – d'où sortent deux dauphins – qui accompagnent les fortes chutes d'eau se déversant de la bouche. Cette eau était censée baigner les autres figurations de la pièce, toutes désignées par des

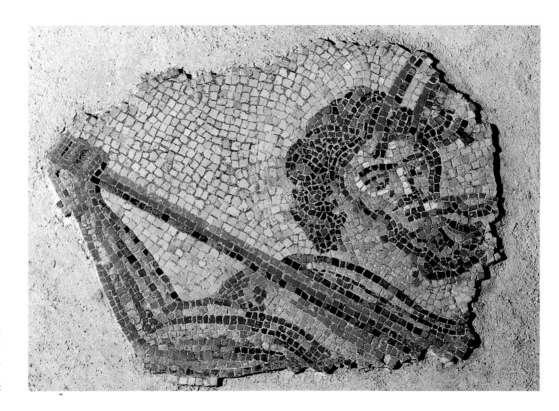

Mosaïque:
Nymphogénès.
Saint-Rustice,
IVᵉ ou Vᵉ siècle.
Inv. 30019 c

Mosaïque:
Dotô ou Ino.
Saint-Rustice,
IVᵉ ou Vᵉ siècle.
Inv. 30019 b

Mosaïque :
Thétis et Triton.
Saint-Rustice,
IVᵉ ou Vᵉ siècle.
Inv. D.70.1.1

inscriptions en grec. Prise dans un cadre ovale était la fameuse nymphe Aréthuse, protectrice de Syracuse, mais elle n'a pas été conservée. Tritons et Néréides occupaient les absides. Deux fragments représentent Nymphogénès et Dotô, qui paraît plutôt être Ino si l'on admet que l'inscription placée au-dessus de la Néréide lors de la restauration n'est pas la sienne. Cette dernière est pleine de charme : nue, la tête légèrement inclinée, elle s'inscrit dans la courbe d'un voile gonflé par un vent chargé d'embruns. Une abside, seulement, nous a laissé une mosaïque presque complète. Propriété du Musée des Antiquités nationales, elle est en dépôt au musée Saint-Raymond. Y apparaissent Thétis, la mère d'Achille, et Triton. La tête de la plus célèbre des Néréides est admirable, avec sa chevelure embellie d'une pierre précieuse retenue par des cordons de perles, le tout évoquant les parures féminines aristocratiques de la fin de l'Antiquité. Triton, cornu, prend l'aspect d'un centaure marin aux pattes palmées. Il souffle dans une grande flûte de Pan. En grande partie conservé lors de sa découverte, mal déposé et restauré,

dégradé tant sur le site qu'au Musée de Toulouse au cours du XIXᵉ siècle (d'autres fragments de petites dimensions sont en réserve), cet ensemble de mosaïques n'en est pas moins rare et exemplaire dans le sud-ouest de la France.

AUTRES REGARDS
SUR LA NARBONNAISE

Tolosa et sa cité contribuèrent à l'intense romanisation de la province de Narbonnaise, seconde Italie pour les Romains. Au-delà des antiquités de Toulouse et de ses environs – dont celles de Chiragan, qui occupent une place dominante –, le musée en atteste par de nombreuses pièces découvertes entre Garonne et Rhône. Parmi les plus remarquables, on compte plusieurs bronzes qui ont été mis en valeur dans une vitrine.

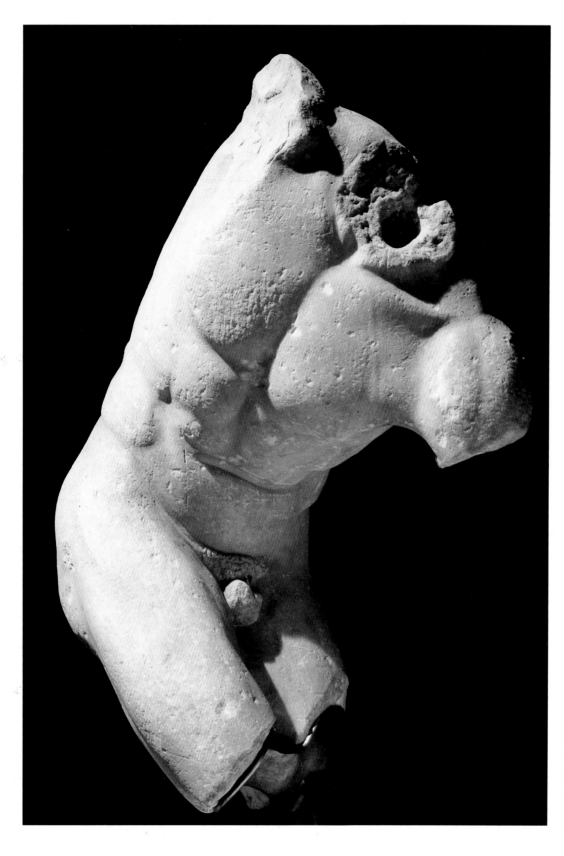

Copie en marbre
du Discobole de Myron
découverte
au XVIIIᵉ siècle
à Carcassonne,
dans le lit de l'Aude,
Haut-Empire.
Inv. 30013

De Carcassonne provient une copie en marbre, peut-être réalisée au IIᵉ siècle, du Discobole de Myron. Privée de sa tête, de ses bras, d'une partie de ses jambes, ayant aussi perdu bien des subtilités de son modelé et de son polissage, elle n'en traduit pas moins la rigueur préclassique de l'un des chefs-d'œuvre de la sculpture grecque de style sévère. Vers 460-450 av. J.-C., Myron s'était intéressé à la plastique du corps des athlètes, car ceux-ci engageaient leurs masses musculaires dans des mouvements étudiés et rares. Cette recherche dans la statuaire d'une position du corps qui fût à la fois géométriquement équilibrée, puissante et harmonieuse assura pour une grande part la réputation de son Discobole. Prenant appui sur sa jambe droite fléchie selon un angle droit, la gauche également repliée tout en laissant glisser la pointe du pied sur le sol au fur et à mesure que son corps se redressait, le lanceur tenait le disque de sa main droite. Le but était d'élever celui-ci vers l'arrière, le plus haut possible, bras tendu. La torsion du tronc était donc extrême, comme le révèlent les muscles gonflés et les côtes apparentes. Dans cette posture ramassée, le bras gauche se trouvait rejeté vers le genou droit, contribuant de cette manière à la stabilité. Comme on peut en juger d'après l'arrachement du cou du torse de Carcassonne, la tête se tournait légèrement vers la droite, le regard fixé sur le disque. Ainsi s'amorçait le dernier et violent balancement qui, ramenant le bras droit vers l'avant, lui permettait de projeter le disque avec une force multipliée.

Alet, dans la vallée de l'Aude, a livré un autel dédié à Cybèle, la « mère des dieux », par Cnaeus Pompeius Probus, *curator* (chargé de l'entretien) d'un temple dont on ignore l'emplacement.

À l'intérieur de la province, les relations entre *Tolosa* et *Narbo*, la capitale, furent essentielles. De la voie romaine qui les mettait en communication, on pourra voir trois bornes milliaires inscrites à la fin de l'Antiquité. Trois inscriptions rendent Narbonne présente. Un grand autel, timbré latéralement d'un canthare à motif végétal et d'une massue, porte des textes gravés sur ses deux grandes faces. Il fut consacré, par Cnaeus Pompeius Hyla, à Hercule, curieusement surnommé ici *Ilunnus Andose* (sans doute des épithètes indigènes) et qualifié d'invaincu. Une

statuette en argent, comme l'indique l'une des inscriptions *(signum argenteum)*, était peut-être fixée sur l'autel ou resplendissait à proximité. Le culte adressé à la personne de l'empereur en témoignage de loyauté civique et de respect est évoqué par l'inscription en l'honneur de Lucius Vercius Priscus, sévir augustal de Narbonne et d'Aix. Les sévirs augustaux étaient membres d'un collège spécialement attaché au temple municipal consacré au divin Auguste et à ses successeurs. Dans ce texte sont précisés le nom du dédicant, Marcus Arunceius, qui se dit meilleur ami du sévir, et, de façon abrégée (« C.I.P.C.N.M. »), la titulature officielle de Narbonne : *Colonia Iulia Paterna Claudia Narbo Martius*. Celle-ci rappelle la deuxième fondation de la colonie par Jules César, la protection claudienne et la tutelle du dieu Mars. Une dernière inscription, fragmentaire, fut dédiée, au IIᵉ siècle, par son affranchie et épouse Messia, à Marcus Messius, préfet *produumvir* et flamine de Béziers, décurion

Autel dédié à la « mère des dieux ».
Alet, Haut-Empire.
Inv. 31001

Autel dédié à *Herculis invictus.*
Narbonne,
Haut-Empire.
Inv. 31004

l'arrière, son crâne était recouvert d'un voile. Octave était donc représenté dans une fonction religieuse dont le lien avec les rites de fondation de la *Colonia Urbs Iulia Baeterrae* a été suggéré par Jean Charles Balty, qui vient de renouveler l'étude de tout le groupe. Les trois têtes d'Agrippa (64 ou 63-12 av. J.-C.), de son épouse Julie (39 av. J.-C.-14 ap. J.-C.), fille d'Auguste et de Scribonia, et de leur fils cadet Agrippa Postumus (12 av. J.-C.-14 ap. J.-C.) furent associées à celle d'Octave-Auguste vers 12 ou 11 av. J.-C. afin de signifier les projets dynastiques d'Auguste. Celui-ci avait en effet envisagé, après la mort de son neveu Marcellus, de confier à son décès le gouvernement de l'Empire à l'un des trois fils d'Agrippa et de Julie : Lucius, Caius (dont les portraits étaient sans doute dans le groupe mais n'ont pas été retrouvés) et Agrippa Postumus. La disparition prématurée des premiers, en 2 et 4, et la disgrâce du troisième amenèrent l'empereur à mettre en avant Tibère (42 av. J.-C.-37 ap. J.-C.), fils de sa seconde épouse Livie (58 av. J.-C.-29 ap. J.-C.), qui lui succéda en 14 ap. J.-C. Les portraits du deuxième empereur et de sa mère furent alors, entre 14 et 23, exposés à côté des autres. En même temps apparurent auprès d'eux celui de

Inscription dédiée au sévir augustal Lucius Vercius Priscus.
Narbonne,
Ier siècle.
Inv. 31005

de Narbonne. Ce citoyen romain fut donc chargé des affaires municipales au sein des curies des deux villes et prêtre du culte impérial à Béziers.

Pour cette autre colonie romaine, fondée en 36-35 av. J.-C., fut progressivement constitué un groupe de portraits impériaux julio-claudiens d'un intérêt exceptionnel. Les têtes qui en subsistent ont été découvertes fortuitement en 1844, séparées des statues correspondantes, sur l'emplacement du forum de la ville antique. Des années de la création de la colonie date la plus ancienne, qui est l'un des rares portraits sculptés parvenus jusqu'à nous du triumvir Octave, le futur Auguste (63 av. J.-C.-14 ap. J.-C.). Avant qu'il ne fût retaillé (dès l'Antiquité) à

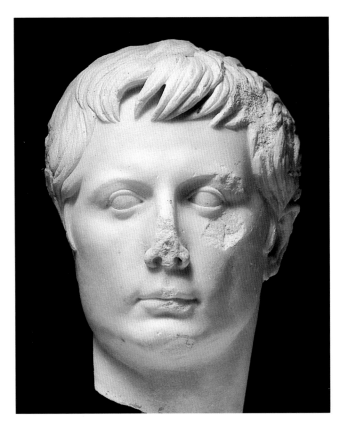

Portrait d'Octave.
Béziers.
Inv. 30007

Portrait de Julie.
Béziers.
Inv. 30004

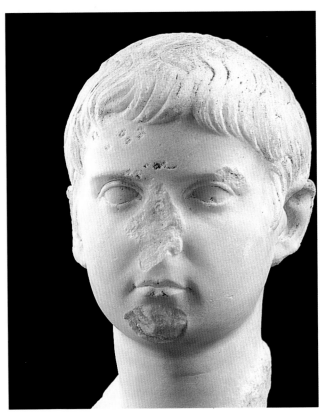

Portrait d'Agrippa.
Béziers.
Inv. 30002

Portrait d'Agrippa
Postumus.
Béziers.
Inv. 30008

Portrait de Livie.
Béziers.
Inv. 30006

Portrait de Tibère.
Béziers.
Inv. 30009

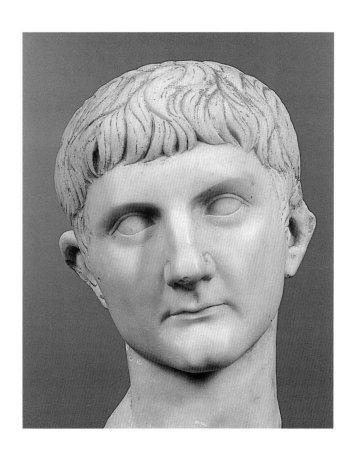

Portrait de Germanicus.
Béziers.
Inv. 30010

Portrait de Drusus
le Jeune.
Béziers.
Inv. 30011

Portrait d'Antonia Minor.
Béziers.
Inv. 30005

Portrait inachevé
d'Antonin le Pieux.
Béziers.
Inv. 30003

Germanicus (15 av. J.-C.-19 ap. J.-C.), fils de Drusus l'Ancien et d'Antonia Minor, le meilleur que l'on connaisse de ce prince si admiré par ses contemporains, et celui de Drusus le Jeune (15 ou 12 av. J.-C.-23 ap. J.-C.), fils de Tibère et de Vipsania Agrippina. Les deux, destinés à succéder à Tibère, moururent en fait bien avant ce dernier. Le neuvième portrait, qui rejoignit les autres entre 29 et 37, est vraisemblablement celui d'Antonia Minor (36 av. J.-C.-37 ap. J.-C.), personnage clé de la dynastie julio-claudienne, qui fut à la fois la fille de Marc Antoine et d'Octavie, l'épouse de Drusus l'Ancien, dont elle eut Germanicus et Claude, et la grand-mère de Caligula, ces deux derniers devenus empereurs. La destination d'origine de toutes ces œuvres fut assurément l'un des édifices s'ouvrant sur le forum de Béziers, peut-être le siège du collège des sévirs augustaux ou la basilique civile. De celle-ci pourrait aussi provenir, en raison de ses dimensions colossales, une tête d'Antonin le Pieux, empereur de 138 à 161, issu d'une riche famille nîmoise. Inachevée, elle se prête à des observations sur les techniques et les outils employés par les sculpteurs romains.

Daniel Cazes

Torques gaulois

En 1841, lors du percement du canal latéral de la Garonne, les ouvriers mirent au jour sur le territoire de la commune de Fenouillet, au nord de Toulouse, six colliers d'or. Ils étaient déposés dans un vase enterré dans une fosse. Ces bijoux, dont la tige est fabriquée à l'aide de un ou plusieurs fils torses (d'où leur nom : *torque*), se terminent par des tampons circulaires munis d'un fermoir à tenon et mortaise. Trois d'entre eux ont reçu une décoration composée d'efflorescences stylisées dont la mise en œuvre n'est pas sans rappeler celle du torque de Gajic en Croatie.

Ce trésor a vraisemblablement appartenu aux Volques Tectosages, installés dans le Toulousain au cours du IIIᵉ siècle av. J.-C. Si, au IVᵉ siècle, le torque était une parure féminine, au IIIᵉ siècle il devint l'apanage des princes et des guerriers, ainsi que des dieux. Bien qu'avides d'or, les Celtes n'avaient pas le sens de la richesse personnelle. Ils offraient ou confiaient ces trésors à leurs dieux, auxquels ils les empruntaient avant les combats afin de se charger d'une ardeur belliqueuse supérieure et d'obtenir ainsi la victoire pour la divinité et en son nom. Certains, semble-t-il, offraient des torques en remerciement au dieu de leur choix, dans un sanctuaire qui pouvait parfois être très éloigné de leur domicile. On peut alors supposer que ce trésor a été enfoui en offrande à une divinité chtonienne ou topique, peut-être liée à l'eau du fleuve proche.

E.U.

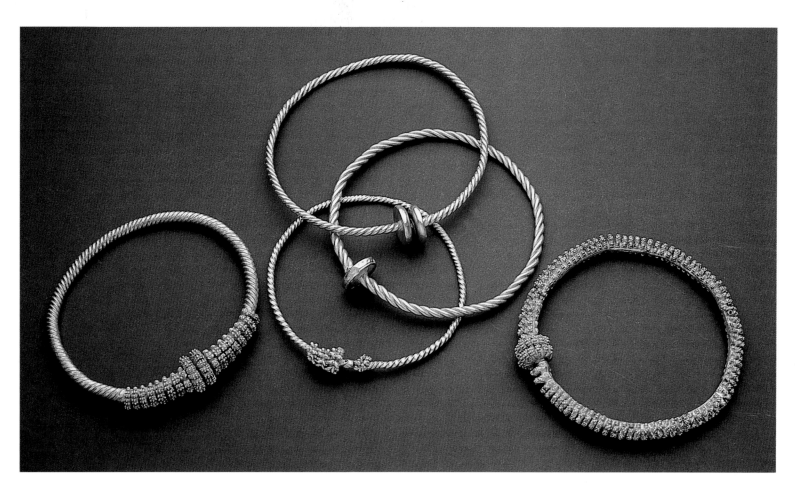

Cinq torques en or
découverts en 1841 aux Maouris à Fenouillet (Haute-Garonne),
fin du IIIᵉ ou début du IIᵉ siècle av. J.-C.

Parure en or moulé à la cire perdue
découverte en 1885 à Lasgraïsses (Tarn),
fin du IIIᵉ siècle av. J.-C.

Parure gauloise

Cet ensemble de superbes bijoux fut découvert en 1885, à Lasgraïsses, par un viticulteur
au cours de travaux agricoles. Le collier, beaucoup plus grand que ceux de Fenouillet, est
fabriqué selon un principe différent. Il s'agit
d'une plaque d'or moulée à la cire perdue puis
courbée pour former un tube. Cette tige, en
deux parties, s'attache à l'arrière par un fermoir à tenon et goupille, et se ferme sur le
devant à l'aide de deux tampons. La face intérieure est lisse, tandis que l'extérieure est le
support d'un riche décor floral assemblé de
manière à donner l'illusion qu'une guirlande
de fleurs, associée à quatre doubles rubans,

s'enroule autour de l'axe du collier. En réalité,
il n'y a pas continuité mais alternance de dix
éléments floraux complexes avec dix liens. Le
tout est traité dans un modelé très souple et
naturaliste.

L'anneau de cheville, formé de huit oves
ornés de motifs floraux, rassemble des bou-
quets, légèrement différents, disposés par
paires, de manière à réunir les fleurs sur l'ove
tandis que les tiges, comme serrées dans un
tissu, occupent les dépressions.

L'agencement des motifs et leur style dénotent une influence hellénistique et laissent
supposer un orfèvre au fait des techniques

mises en œuvre à la fin du IIIᵉ siècle av. J.-C.
en Grande Grèce. Les quelques indices connus
du contexte archéologique tendraient à prou-
ver que cette parure a appartenu à une sépulture féminine.

E.U.

Le seau de Vieille-Toulouse

Découvert en 1972 dans le puits funéraire XXVI,
au lieu-dit Baulaguet,
à Vieille-Toulouse (Haute-Garonne).
Bois d'if et feuillards en alliage cuivreux,
début du deuxième quart du Iᵉʳ siècle av. J.-C.

Ce précieux seau, incontestablement objet de luxe, a été découvert avec deux situles* dans le dépôt d'offrandes principal placé au fond d'un puits funéraire de 17,10 mètres de profondeur. En bois d'if, il se compose de huit douves d'inégale largeur que maintiennent cinq feuillards en tôle de bronze alternativement lisses ou décorés au repoussé. Ces derniers portent un motif végétal typiquement celte, très dépouillé, qui se répète trois fois sur chaque plaque. Il s'agit de deux rinceaux à enroulements spiralés, reliés par une spirale commune et ponctués au centre de chaque tige d'un petit S vertical ; un petit globule timbre les extrémités de chaque élément. Un alignement vertical de trois globules sépare les trois séquences décoratives, comme pour imiter ou cacher les fixations en bronze. Le seau a perdu l'anse que deux attaches en bronze accrochaient à la paroi. Une seule subsiste, qui représente une tête d'animal stylisée. On ne connaît qu'une dizaine d'exemplaires à peu près complets de ce type d'objet, tous en bois d'if, découverts en contexte funéraire ou rituel, qui se répartissent entre l'Allemagne, l'Angleterre et la France. Celui-ci est très proche des deux seaux découverts à Agen sur l'*oppidum** de l'Ermitage. Quelle était la fonction de ces récipients de petites dimensions ? Si quelques-uns ont été utilisés comme urne cinéraire, d'autres le sont en offrande. Toutefois, il semblerait que leur fonction première soit liée au service à vin : c'est le récipient utilisé pour mélanger le vin et l'eau, mais aussi peut-être pour le service de la toilette. Cet objet reflète la position sociale de son propriétaire, le service à vin étant réservé aux membres d'une élite, semble-t-il, guerrière.

E.U.

Service à vin

Certains dépôts d'offrandes retrouvés dans les puits funéraires ou rituels du Toulousain comprenaient de la vaisselle en bronze d'origine italique. Celle-ci, en faible quantité et souvent associée à des casques ou à des armes, caractérise le mobilier du guerrier ou d'un membre de l'aristocratie locale. Chaudron, situles*, *simpulum**, œnochoés*, composent ce service, tous récipients intimement liés à la consommation du vin. La situle est le seau à vin par excellence, ce vin que l'on coupe d'eau et que l'on mélange à des épices, soit dans un seau en bois d'if richement orné de métal, soit dans un chaudron en cuivre martelé. Les œnochoés servaient à puiser le breuvage, tandis que les *simpula*, en particulier ceux à manche vertical, ont pu être utilisés comme vases à boire. Plusieurs de ces ustensiles ont été volontairement déformés avant leur enfouissement. Même si la coutume du banquet, d'origine grecque, parvint chez les princes celtes (ou préceltiques) du centre-ouest de l'Europe dès le VIᵉ siècle av. J.-C., grâce aux Étrusques, il fallut attendre le Iᵉʳ siècle avant notre ère pour que de véritables routes du vin d'Italie se mettent en place. Le service à vin est incontestablement le reflet de l'influence de ces échanges commerciaux avec les Romains et la marque d'une appartenance à une classe sociale élevée qui veut imiter son homologue romaine.

E.U.

Vaisselle de bronze et de cuivre
découverte dans les puits funéraires d'Estarac
et de Vieille-Toulouse (Haute-Garonne).

Inscriptions ibères peintes sur des cols d'amphores

Découvertes dans les puits funéraires de Vieille-Toulouse (Haute-Garonne), début du deuxième quart du IIᵉ siècle av. J.-C.

Trois puits funéraires de Vieille-Toulouse, datés du deuxième quart du IIᵉ siècle av. J.-C., ont livré une trentaine de fragments d'amphores portant des inscriptions peintes en rouge. Celles-ci, en caractères ibères, comprennent l'abréviation d'un nom de personne suivie d'une indication numérique complexe, non encore éclaircie. À l'origine, ces amphores gréco-italiques contenaient du vin en provenance du sud de l'Italie et de Sicile. Ces textes brefs sont donc liés au commerce du vin. Ils ont certainement été inscrits à Narbonne par un négociant ibère qui servait d'intermédiaire entre les marchands italiens et les consommateurs volques du Toulousain. À qui ces inscriptions étaient-elles destinées ? Peut-être exclusivement à l'intention du convoyeur, lui aussi ibère. Cependant, les noms sont gaulois, ibères et d'origine latine. Si les premiers ne surprennent pas, les suivants prouvent l'existence sur les coteaux toulousains d'une population ibère et d'un groupe d'origine italienne. L'implantation de ce dernier, peut-être plus récente, serait liée aux échanges. L'ibère serait alors le support d'un langage commercial parfaitement compris à Vieille-Toulouse. Ainsi, le commerce du vin était bien développé entre l'Italie et le Toulousain avant même la création de la *Provincia*.

E.U.

Les amphores : emballages vides

La quantité d'amphores mises au jour sur l'*emporium** de Vieille-Toulouse comme à Toulouse, aussi bien dans les structures d'habitat que dans les puits funéraires ou rituels, prouve l'importance du commerce du vin aux deux derniers siècles avant J.-C. Si l'on en croit les marques imprimées sur les amphores, ces grands récipients de terre cuite, dont la forme évolue peu à ce moment-là, contenaient du vin en provenance d'Étrurie, de Campanie, de Sicile et de Grande Grèce. Elles arrivaient par bateau jusqu'au port de Narbonne, d'où elles étaient expédiées par la vallée de l'Aude jusqu'à Toulouse. En dehors de la distribution locale, Toulouse joua le rôle de plaque tournante commerciale en direction des Pyrénées, du Massif central et, par la Garonne, de l'Aquitaine. À partir du milieu du Iᵉʳ siècle av. J.-C., le commerce du vin d'Italie s'infléchit au profit des vins de Bétique et surtout de Tarraconaise, très prisés sous Auguste. Au début de notre ère, l'autorisation de planter des vignes en Gaule eut pour corollaire la création d'amphores gauloises, notamment sur le littoral méditerranéen, et mit fin aux importations massives.

Le commerce de l'huile d'olive, transportée dans des amphores ovoïdes, à fond plat, atteste de la même évolution. Les productions d'huile d'Apulie dominèrent le marché jusqu'à l'avènement d'Auguste. À ce moment-là, on ne trouva plus alors à *Tolosa* que de l'huile de Bétique.

E.U.

Amphores provenant de Toulouse et de Vieille-Toulouse (Haute-Garonne).

Verre soufflé dans un moule
découvert en 1971, place du Capitole, à Toulouse,
Ier siècle ap. J.-C.
Inv. D.78.4.1

Gobelet décoré

Ce gobelet de verre porte un décor, réparti sur trois registres, représentant une course de chars dans un cirque. La scène se déroule sur le registre inférieur, où un quadrige en plein galop se dirige vers la droite, suivi d'un second dont seuls les chevaux sont encore visibles. La position des jambes tant postérieures qu'antérieures des chevaux, toutes crinières au vent, ainsi que l'attitude en équilibre de l'aurige*, traduisent avec une grande finesse la rapidité de la compétition. Le registre médian est consacré aux éléments qui ornent la spina*. À l'extrême gauche se distingue, dans la cassure, une colonne terminée par une boule : la meta, c'est-à-dire la borne placée à chaque extrémité de la spina, que les chars devaient contourner en la serrant au plus près. Vient ensuite un autel affirmant le caractère sacré des jeux. Au centre de la composition se dresse le célèbre portique compte-tours aux sept œufs levés, tandis que l'on reconnaît le long du côté droit le sommet de la seconde meta. Le monument précédent n'est pas identifiable. Ces monuments correspondent parfaitement à ceux que

supportait la spina du circus maximus de Rome. Sur la lèvre, se développe une inscription dont les fragments, plus nombreux lors de la découverte, avaient permis de lire « CE[CA]SVA [PY]RAM[E VA] », ce qui signifie : « Vas-y Gegas! Vas-y Pyramus [auriges célèbres]!» On peut supposer que les deux cochers manquants bénéficiaient des mêmes encouragements. Ces gobelets, trouvés en nombre en Europe occidentale, témoignent de la notoriété de ces jeux, mais aussi de l'attachement de leurs propriétaires à Rome.

E.U.

Jeux du cirque
et de l'amphithéâtre

Les Romains ont inventé les loisirs collectifs, offrant au peuple des divertissements dont il devint, malgré leur violence, très friand. Ceux-là se déroulaient dans des édifices parfaitement adaptés à leur fonction : le cirque pour les courses de chars, l'amphithéâtre pour les combats de gladiateurs. La passion pour ces jeux était telle qu'ils furent maintes fois évoqués dans le décor des objets familiers, des

Lampe au portique
découverte en 1971, place du Capitole, à Toulouse.
Terre cuite moulée,
premier tiers du Ier siècle.
Inv. 97.2.1

lampes à huile en particulier. Sur celle de gauche, on reconnaît le compte-tours emblématique qui dominait la spina du cirque. Ici, deux colonnes torses, soutenant deux chapiteaux entre lesquels pendent des guirlandes, composent le portique, qui supporte les sept dauphins en position relevée. La lampe de droite représente un combat de gladiateurs. L'un d'eux est debout, coiffé d'un casque à grande visière, vêtu d'un pagne et protégé par des jambières. Le petit bouclier carré – la parma – qu'il tient dans sa main gauche permet d'identifier un thrace. Son adversaire est au sol. Le casque à plumes est peut-être celui d'un mirmillon dont le long bouclier, scutum, est abandonné derrière le vainqueur. Ils sont en attente de l'issue du combat, qui se soldera par la mort ou non du vaincu, selon que le commanditaire du munus* baissera ou lèvera son pouce. En effet, le pouce baissé signifiait l'égorgement, le pouce levé, la vie sauve. Leurs noms, «ARDIUS» et «LIITCI A», gravés dans l'argile, attestent de leur célébrité.

E.U.

Lampe aux gladiateurs
découverte en 1994, à Toulouse
(extension de l'hôtel d'Assézat).
Terre cuite moulée,
premier tiers du Ier siècle.
Inv. 98.10.99

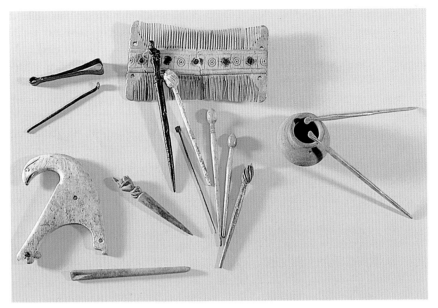

Objets de toilette découverts entre 1966 et 1995 à Toulouse, au cours de fouilles de sauvetage.

La toilette

Les fouilles archéologiques ont livré quantité d'épingles à cheveux, de pinces à épiler, de palettes à fard. Ces objets, en bronze ou en os, témoignent de l'importance de la toilette pour les Romains. Il était impensable pour une femme d'apparaître sans avoir été maquillée. Non seulement les yeux, les lèvres et le visage étaient fardés, mais également les seins et les bras. Les épingles rappellent combien la coiffure était l'objet de soins attentifs. En effet, la matrone disposait d'une esclave spécifique, l'*ornatrix*, qui, chaque matin, devait élaborer, à l'aide de postiches, une coiffure sophistiquée. Les têtes des épingles sont généralement décorées d'un simple bouton en fuseau plus ou moins travaillé ou, assez fréquemment, d'une main, paume fermée, tenant entre le pouce et l'index un œuf ou une pomme de pin, symboles d'immortalité. Certaines se terminent par une figurine nue ou habillée.

Les hommes portaient la même attention à leur corps, en particulier à leur barbe qu'ils confiaient à leur *tonsor*, barbier. La lame en fer des rasoirs était retenue par un manche en bronze ayant la forme d'un protomé* stylisé de lion, de griffon ou d'oiseau. Forme qui s'apparente tout à fait à ce manche, en ivoire d'éléphant, orné d'une tête d'aigle. Le revers présente un dénivelé parallèle à la patte anté-rieure qui permettait à la lame de plaquer au manche. Trois rivets la maintenaient, deux s'insérant chacun dans les griffes de l'animal, dont celles de la patte avant gardent encore un témoin.

E.U.

Bijoux et éléments de parure

Toulouse n'a pas connu, pour l'instant, de campagnes de fouilles archéologiques effec-tuées dans le cadre d'un programme de recherches portant sur des structures d'habi-tat, des thermes publics ou des nécropoles romaines, lieux privilégiés pour les objets per-sonnels. Il faut donc se contenter de trou-vailles fortuites ou de celles liées aux fouilles de sauvetage, qui sont par définition partielles et hasardeuses. Les bagues en or ou en bronze révèlent un goût prononcé pour les intailles, dont plusieurs ont été trouvées, séparées de l'anneau. En cornaline, en nicolo ou plus simplement en pâte de verre, elles sont illus-trées de divinités ou encore d'allégories, comme Roma tenant une Victoire sur la grosse bague en or. Le camée représente un cerf attaqué par un lion.

Les fibules, si prisées des Romains, sont curieusement peu nombreuses. Celle qui est ici présentée est une création germanique de la Gaule du Nord à la fin de l'Antiquité que l'on trouve très rarement en Gaule du Sud. Il s'agi-rait même de l'exemplaire le plus méridional. La petite boucle de ceinture, en forme de

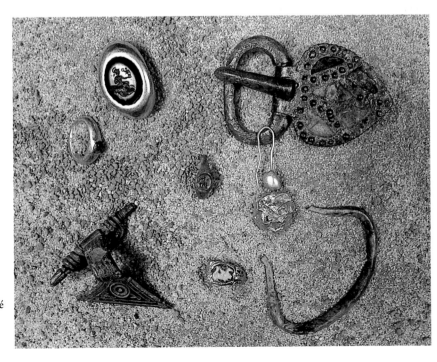

Bagues et intailles du Haut-Empire, fibule* et plaque-boucle de l'Antiquité tardive, découvertes à Toulouse.

cœur, dont la plaque à décor cloisonné garde encore une partie du verre grenat, a perdu sa dorure. Les rares modèles connus de cette forme des Vᵉ-VIᵉ siècles proviennent de contextes francs. Ces deux éléments de la fin de l'Empire romain, aussi décoratifs qu'utilitaires, évoquent les changements qui s'opèrent à cette période et la venue dans nos régions de populations originaires du nord et de l'est de l'Europe.

E.U.

Intailles en cornaline ou nicolo :
Muse à la colonne ; Minerve casquée
comprenant dans son casque
deux Silènes opposés
et sous le cou
une tête de jeune homme ;
Éros ; navire de guerre.

Manche en ivoire sculpté au centaure

Ce très bel objet, dont la partie utilitaire a disparu, est vraisemblablement un manche de palette à onguent, prétexte à une décoration riche et complexe traitée en ronde bosse. Au sommet, un centaure, solidement campé sur son arrière-train gauche et appuyé sur ses pattes antérieures, joue de la lyre. Sa tête barbue est encadrée d'une longue chevelure. Il est assis sur un rocher contenu dans le bassin d'un grand trépied. L'écartement des pieds de ce dernier est maintenu à mi-hauteur par une couronne évidée et, à la base, par une coupole ajourée et surmontée d'un double bouton. Chaque pied forme un pilastre cannelé terminé en bas par quatre griffes et au sommet par un chapiteau orné d'un personnage en faible relief. Le premier, un homme, porte d'une main une torche renversée et de l'autre un vase. Le deuxième lève les bras, soulevant une petite outre de sa main droite. Le troisième, une femme, danse en tenant dans son dos un bâton qui pourrait être un thyrse*, levant un tambourin, à l'instar des ménades*.

Une frise de trois masques, comprise entre un rang de perles et de pirouettes et une torsade, sépare le trépied de la partie inférieure de l'objet. Deux de ces masques sont presque identiques : ils représentent un visage de trois quarts ou de profil, tourné vers la gauche, barbu et chevelu, aux traits accusés. Le troisième (qui leur fait face) est un visage jeune et imberbe, au front ceint d'une bandelette. Un canthare* renversé et un thyrse (?) le séparent des deux autres.

Le centaure n'est autre que Chiron, le précepteur du fils d'Apollon, Asclépios-Esculape. Le canthare, le thyrse, la ménade et les satyres, que l'on reconnaît dans les masques, évoquent le cortège de Bacchus, le Dionysos des Grecs. Le trépied symbolise Apollon, dont le culte à Delphes était remplacé en hiver par celui de Dionysos. Le sujet révèle donc sinon un tabletier du moins un commanditaire très cultivé, et l'on peut s'interroger sur la destination de l'objet et sur son lieu de fabrication, sans pour l'instant apporter de réponse.

E.U.

Découvert en 1988-1989 à l'angle
des rues Sainte-Anne et Saint-Jacques à Toulouse
Sculpté dans l'extrémité d'une défense d'éléphant,
fin du Iᵉʳ ou IIᵉ siècle.
Inv. D.98.2.1

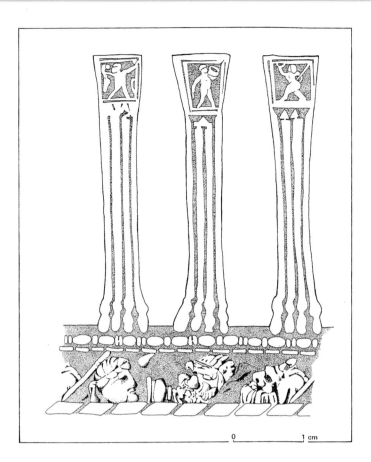

**Manche sculpté au centaure :
dessin développé
de la frise de masques
et du trépied.**

Vaisselle du Haut-Empire en céramique

Les habitants de *Tolosa* utilisaient de la vaisselle en terre cuite de plusieurs types, dont on trouve les équivalents dans tout l'Empire. Cependant, le matériel découvert permet d'une part de se rendre compte des différences, du maintien des traditions antérieures comme des nouveautés et d'autre part d'identifier les lieux de production. Au tout début du Ier siècle, les potiers locaux fabriquaient encore des vases noirs ou gris, de forme haute, comme les urnes peignées* connues à Vieille-Toulouse depuis deux siècles. Le fragment, rarissime, d'une petite urne estampillée «ABO» témoigne de l'influence des potiers italiques, qui signaient leur production, contrairement à leurs homologues gaulois. Puis, rapidement, les traditions disparaissent. Les artisans produisaient alors, et pendant au moins deux siècles, une poterie culinaire (marmites tripodes, poêlons, assiettes) souvent noircie par le feu, dont la

**Vaisselle en céramique
du Ier et du IIe siècles
découverte à Toulouse.**

pâte claire est recouverte sur ses deux faces d'un engobe* jaune micacé qui pourrait avoir assuré l'étanchéité. Parallèlement, la vaisselle de table est importée des officines de la région. Les vases à boire à paroi fine, au décor en relief, les coupes, les gobelets à dépression, provenaient en majorité semble-t-il de l'atelier de Galane, tandis que les productions de céramique sigillée* richement décorée de Montans et de La Graufesenque inondaient le marché. Les ateliers tarnais établirent rapidement un monopole qui perdura jusqu'au milieu du IIe siècle. À cette époque, la qualité moindre des vases expliquerait cette désaffection.

E.U.

Lampes de l'Antiquité tardive

Les fouilles du site de l'ancien hôpital Larrey, aujourd'hui quartier de la place de Bologne, ont révélé une importante officine de potiers qui, installée dans la seconde moitié du IVe siècle, paraît avoir travaillé jusqu'au moment où est construit le grand bâtiment, au cours du Ve siècle. Ils fabriquaient aussi bien de la vaisselle commune que celle à décor estampé, ainsi que des lampes à huile. D'une morphologie courante (profil plus ou moins ovale, bec arrondi et anse triangulaire perforée ou non), ces dernières se distinguent par leur ornementation qui reproduit, par surmoulage, les modèles tunisiens contemporains. Souvent stylisés, géométriques ou floraux, ces décors soulignent un canal central. L'une d'elles reprend un type et un motif plus anciens, figurant l'enlèvement d'Europe, bien connu à Montans au Ier siècle. Toutefois, une des spécificités locales semble être la création de lampes à médaillon orné de rinceaux, dont l'anse se compose d'un protomé* stylisé de cheval harnaché, comme en témoigne un bel exemplaire à peu près complet mis au jour place Esquirol.

Le dessus de lampe, quant à lui, est plus tardif et porte un sujet original d'inspiration chrétienne. Près du bec, un petit personnage émerge du ventre d'un monstre marin qui tourne la tête vers lui, tandis que le bandeau est orné d'une alternance de feuilles cordiformes et de poissons. Il s'agit de Jonas rejeté par la baleine. La mer est figurée par une ondulation en relief. Ce thème, traité de la même manière, existe sur les lampes chrétiennes de Tunisie.

E.U.

Dessus de lampe du VIe siècle trouvé sous le donjon du Capitole, de provenance (ou imitation) africaine.

Lampes de la fin du IVe et du début du Ve siècle, produites par l'*atelier de Larrey*, découvertes à Toulouse.

Ornement de char : panthère attaquant un cavalier

Découvert à Revel
(Haute-Garonne),
ancienne collection
de l'Académie
des sciences,
inscriptions et belles-
lettres de Toulouse.
Bronze moulé et ciselé,
IIᵉ siècle.
Inv. 25517

Dans ce décor, une panthère attaque un cavalier. Toute la musculature du fauve est tendue dans sa rage de vaincre, les crocs plantés à pleine gueule dans le poitrail du cheval dont il maintient les cuisses dans ses énormes griffes. La victime hennit de douleur, tandis que le cavalier lève la main droite pour frapper de son glaive la tête de l'attaquant. La scène nous apparaît ainsi saisissante de vérité, comme un instantané photographique. Toutefois, la violence du choc frontal est accentuée par la position très allongée du fauve, démesurément disproportionné par rapport à sa proie, tandis que l'homme et sa monture sont comme suspendus au-dessus de leur agresseur. Si cheval et cavalier sont en harmonie de proportions, ils paraissent cependant tassés dans la partie supérieure du support. La courbe du fleuron qui soutient le ventre du cheval est reprise par le corps de l'homme. La tête de ce dernier et celle de l'animal referment ainsi le carré formé par la partie inférieure droite du montant. La panthère, au contraire, occupe les deux tiers opposés de l'élément, et son dos répercute, en les atténuant, la succession des courbes qu'elle surplombe, renforçant l'impression d'étirement. Le traitement des animaux, des vêtements, en particulier des braies* et des

chaussures, le modelé hâtif, la nervosité des lignes, ne sont pas sans évoquer le décor d'un harnais du IIᵉ siècle conservé au musée archéologique d'Aoste (Italie).

Cet élément a pu orner le côté postérieur gauche d'un char romain. La terminaison du support, en mufle de lion rugissant, sa forme déclinée en cascade et les trous de fixation sur la face la moins travaillée du motif confortent cette hypothèse.

E.U.

Le dieu est fréquemment représenté accompagné du serpent enroulé autour d'un bâton. Ce dernier suggère à la fois le caducée et le pouvoir guérisseur dont les Anciens avaient investi l'animal chtonien. Mais il évoque aussi la constellation dans laquelle Asclépios s'est transformé après que Zeus l'a terrassé de sa foudre.

Debout, le torse dénudé, il fait un geste de libation, selon les conventions et les canons élaborés dès le Vᵉ siècle av. J.-C. par l'école du sculpteur grec Phidias. La figurine s'en éloigne cependant par des proportions élancées, et surtout par l'équilibre obtenu grâce à un savant balancement du poids du corps entre les deux pieds, le bâton ne jouant pas ici un rôle de support.

E.U.

Découvert au XIXᵉ siècle à Muret (Haute-Garonne), ancienne collection d'Edward Barry.
Bronze moulé à la cire perdue,
Iᵉʳ-IIᵉ siècle.
Inv. 25627

Esculape

Esculape, l'Asclépios des Grecs, est communément admis comme étant le fils d'Apollon et d'une mortelle, Coronis, princesse thessalienne. Héros plutôt que dieu, il a reçu la connaissance de la médecine du centaure Chiron qui l'avait élevé. Si Épidaure demeure son lieu de culte le plus ancien et le plus célèbre, c'est à Athènes à la fin du Vᵉ siècle av. J.-C. qu'Asclépios s'impose. Cependant, son installation à Delphes au cours du siècle suivant, où il est associé à son père, va lui permettre un rayonnement plus important. Son culte s'est perpétué tout au long de l'Antiquité, souvent associé à celui des eaux.

Jupiter

Ces trois statuettes représentent le dieu suprême des Romains, l'antique dieu du ciel des Indo-Européens. Il est ici figuré debout, barbu, nu, l'himation* jeté sur l'épaule gauche, tenant le foudre de la main droite, soit tendue vers l'avant, soit baissée le long du corps. La main gauche s'appuyait sur le sceptre, aujourd'hui disparu. L'une des figurines est accompagnée de l'aigle, oiseau symbole de Jupiter, qui, face à lui, le contemple. Si les trois attitudes sont similaires, chacune s'inspire cependant d'un prototype grec différent. En effet, ce sont les modèles grecs des représentations de Zeus que les Romains ont

utilisés pour figurer Jupiter. On sait par Pline que, sous Auguste, le Zeus *Brontaios** créé par le sculpteur grec Léocharès vers 370-360 av. J.-C. et celui sculpté par Myron au Vᵉ siècle pour l'Héraion de Samos (l'aigle étant une adjonction plus tardive) avaient été transportés à Rome dans le temple de Jupiter Tonans. Seule la couronne de feuilles de chêne semble être une innovation romaine. La grande figurine, la plus classique, maintes fois reproduite, dans sa posture très athlétique à l'anatomie bien marquée, a pour référence l'œuvre de Léocharès. Le Jupiter à l'aigle aurait quant à lui sa source dans le Zeus de Myron. Toutefois, son modelé hâtif ainsi que les traits du visage, plus paternalistes que terrifiants, et la barbe pointue semblent attester une création gallo-romaine.

E.U.

Vallée de l'Aude,
anciennes collections
Pourtalès puis Barry.
Bronze moulé.
Inv. 25573

Jupiter à l'aigle.
Nîmes,
ancienne collection du marquis de Castellane.
Bronze moulé,
IIᵉ siècle.
Inv. 25556

Jupiter.
Caraman,
ancienne collection de l'Académie des sciences,
inscriptions et belles-lettres de Toulouse.
Bronze moulé,
époque romaine.
Inv. 25554

Jupiter au foudre.
Arles,
ancienne collection d'Edward Barry.
Bronze moulé,
Iᵉʳ-IIᵉ siècle.
Inv. 25559

Mars

Cette divinité romaine n'est certainement pas la transposition d'Arès, dieu de la guerre des Grecs. Il s'agit plutôt du dieu protecteur des guerriers, des cultures et de la santé, que l'on trouve chez les peuples italiques, les populations préceltiques ou encore celtes, celui à qui, chaque printemps à Rome, sous la République, l'on consacrait les jeunes gens ayant atteint l'âge adulte. Ce dieu devint sous l'Empire le protecteur de l'État. Il est souvent représenté casqué, tenant une lance et le corps protégé d'une armure. En Gaule, on le préfère nu, comme ici, coiffé d'un très beau casque corinthien à haut cimier. Celui-ci est paré de deux rangées de plumes et a sur les côtés un décor gravé de ramures en volutes stylisées. Le bras droit, relevé, s'appuyait sur une lance aujourd'hui disparue, de même que l'épée qu'il portait dans la main gauche si l'on en croit sa position fermée. Cette épée devait être tenue pointe vers le haut, reposant sur l'avant-bras, selon un schéma courant. Le corps, assez athlétique, est très cambré. Le bras gauche se rattache maladroitement à l'épaule. Le visage juvénile et poupin, encadré d'une épaisse chevelure bouclée qui émerge du casque, surmonte un cou énorme.

E.U.

Mercure

Le dieu, juvénile, est assis en tailleur sur une sorte de haut coussin, les bras le long du corps, mains en avant. Il est vêtu d'une tunique et de braies*. Par-dessus, il porte un manteau qui s'étale en plis lourds dans son dos. Le pan gauche couvre le bras, s'enroule autour du poignet, glisse sur les cuisses, avant de cacher l'autre bras et de retomber sur le côté droit. Sa chevelure épaisse et bouclée est coiffée du pétase. Ce dernier invite à identifier le personnage à Mercure, le messager, protecteur des voyageurs et du commerce, bien que ses attributs (la bourse et le caducée) aient disparu. La position assise, dite accroupie, propre à certaines divinités celtes, est inhabituelle en Gaule pour ce dieu gréco-romain, que l'on préfère représenter debout et nu. Le pétase est surmonté de deux protubérances que l'on a identifiées à deux ailes. Leur état fragmentaire peut mettre en doute cette interprétation. Ne seraient-ce pas des vestiges de bois de cerf? Dans ce cas, il s'agirait de Cernunnos ou bien d'Ésus, personnifications de la Nature, donc de la richesse et de l'abondance. Que tenait alors dans ses mains la figurine? La position du manteau sur les jambes évoque un support en corbeille qui aurait pu soutenir l'énorme bourse d'Ésus, bourse amovible dont l'importance aurait nécessité une attache sur le bras, là où subsiste un trou de fixation. Le pantalon, typiquement gaulois, atteste bien l'origine celte de cette représentation. S'il s'agissait de Mercure, peut-être en tant que patron des sommets, ce serait alors un exemple tout à fait remarquable de l'*interpretatio gallica** d'une divinité romaine.

E.U.

Le Pouy-de-Touges (Haute-Garonne), anciennes collections Salvan puis Barry. Bronze doré. Inv. 25937

Figurines animalières

Le monde romain nous a laissé des centaines de figurines d'animaux les plus variées. Lorsqu'elles sont séparées de leur contexte archéologique, il est difficile de connaître leur destination première. Réminiscences d'une symbolique qui nous échappe ou simples expressions artistiques, ces œuvres évoquent aussi bien la grande sculpture que les arts industriels. Elles sont fréquemment le décor d'un objet utilitaire, manche de couteau ou de clé, applique sur un meuble ou poignée d'un coffret, ces deux dernières fonctions ayant pu

**Bronzes animaliers
de l'ancienne collection d'Edward Barry
provenant de Narbonnaise.**

être celles de la panthère ou du lion. Le grand aigle était une applique et a peut-être appartenu à une statuette plus complexe. La présence d'un œuf dans son bec évoque le domaine cultuel. Le chien, sur sa base carrée, pourrait être un objet à part entière. Assis sur ses membres postérieurs, le lévrier maintient au sol de sa patte avant droite la tête du lapin ou du lièvre dont il dévore l'arrière-train. La scène est traitée avec beaucoup de réalisme, aussi bien dans la morphologie des animaux que dans leurs postures. Par contre, le lion,

l'aigle ou encore le sanglier sont stylisés et dénotent un art conventionnel. La tête de cheval devait appartenir à une pièce assez grande. Les naseaux frémissants, la bouche ouverte, l'expressivité des yeux, pourtant à peine formés, révèlent la main d'un grand artiste. L'arrachement de la crinière et certaines imperfections laissent cependant supposer que l'œuvre n'a pas dû satisfaire le toreute* et pourrait être un rebut de fonderie.

E.U.

Lampes à huile en bronze
du Ier siècle
provenant de Narbonnaise.

Lampes à huile

Le soir venu, pour s'éclairer, les Romains dis-
posaient de candélabres (sur lesquels ils pla-
çaient des chandelles de suif ou de cire), de
torches en bois de résineux ou d'étoupe, enfin
de lampes à huile en bronze ou en terre cuite.
Dans les pièces de réception, il n'était pas rare
d'en voir plusieurs regroupées sur des lustres.
Les lampes se composent d'un petit récipient
pour le combustible, prolongé à une extrémité
d'un bec (ou de plusieurs) recevant la mèche

et, à l'opposé – mais ce n'est pas systématique –, d'une anse, parfois support d'une
décoration. De tailles et de formes variées, certaines pouvaient être suspendues par une chaî-
nette. Celles en bronze étaient fréquemment
munies d'un couvercle, comme en témoigne la
charnière à la base du cou de la lampe canard
présentée ici. Celle de petites dimensions
paraît avoir été utilisée dans un contexte cultuel, peut-être domestique.

E.U.

Éphèbe faisant une libation

La représentation de ce jeune homme nu tendant une patelle* dans un geste de libation respecte les rapports de proportions codifiés par le bronzier grec Polyclète au Vᵉ siècle av. J.-C. La tête est contenue sept fois dans la hauteur ; le déséquilibre induit par le hanchement du bassin est compensé par le relèvement de l'épaule du côté opposé ; le contraste entre les masses musculaires et le traitement de l'anatomie, formant creux et bosses, accentue les jeux d'ombre et de lumière. C'est ce qui a valu à cet éphèbe d'être comparé à l'*Idolino*, statue en bronze de la seconde moitié du Vᵉ siècle av. J.-C. conservée au musée archéologique de Florence. Il s'en distingue cependant par un écartement plus large du bras droit, la position du pied gauche, plus près de l'autre, ainsi qu'un hanchement moins prononcé qui lui confère une attitude plus dynamique. Tout dans ce personnage exprime un rythme. La souplesse et l'harmonie du corps rappellent l'importance de l'éducation physique chez les Grecs. Mais, si les Romains privilégiaient cet aspect esthétique dans la plastique, l'idéologie grecque du jeune et bel athlète, elle, n'avait plus cours. La coiffure, en mèches bien séparées sur le pourtour de la tête, très différente en cela des sculptures grecques, apparente cette œuvre aux productions du début du Iᵉʳ siècle de notre ère.

E.U.

Provenant de Villefranche-de-Rouergue (Aveyron), ancienne collection d'Edward Barry. Bronze moulé, art hellénistique tardif ou du Haut-Empire romain.
Inv. 25603

Genius Populi Romani

Le *Genius Populi Romani* incarne la prospérité et la protection du peuple romain. Il s'impose dans l'iconographie monétaire à la fin de la République, au Ier siècle av. J.-C., sous le règne du dictateur Sylla. Le Génie est alors associé au globe terrestre et symbolise la toute-puissance du peuple de Rome sur l'*orbis terrarum*, le monde habité. En 64, Néron le fait graver sur le revers de certains *asses* au moment de sa réforme monétaire, et de nombreux empereurs, des Antonins jusqu'à Septime Sévère, revendiqueront ses vertus et ses qualités avant de le laisser tomber dans l'oubli.

En 294, l'empereur Dioclétien fait renaître le Génie en le figurant comme personnage central des monnaies de sa réforme. À compter de cette date, les espèces frappées aux noms des tétrarques porteront sur leur revers le thème uniforme du *Genius Populi Romani*. Le Génie apparaît debout, coiffé du *modius*, la chlamyde posée sur l'épaule gauche laissant le corps à demi nu. Il tient dans ses bras une corne d'abondance et sacrifie avec une patère au-dessus d'un autel. Non sans faire référence, tant sur le plan économique que symbolique, à son lointain prédécesseur Néron, Dioclétien souhaitait ainsi rallier le peuple de Rome à sa cause. Garant de la prospérité, le Génie le devenait aussi du pouvoir impérial.

V.G.

Dioclétien, *nummus.* Lyon, 303-305.
RIC 175a
Inv. M.B.98-L 500

La circulation des monnayages officiels et irréguliers au IVe siècle

Les troubles économiques qui affectent Toulouse et de nombreuses villes de l'Occident romain au IVe siècle provoquent la création d'une multitude de petits ateliers monétaires clandestins en Gaule, en Bretagne et dans la péninsule Ibérique. Ces imitations, que l'on retrouve en quantité abondante sur tous les sites, sont le plus souvent frappées, rarement coulées, et prennent pour modèle les thèmes de l'iconographie officielle.

La première phase d'imitation copie principalement les monnaies de 330-340 célébrant les villes de Rome et de Constantinople (n° 1), la gloire de l'armée avec les soldats tenant un ou deux étendards (n° 2). La seconde phase imite le thème uniforme du retour aux temps heureux, *fel[ix] temp[orum] reparatio*, frappé en 353-357, figuré par un légionnaire romain terrassant un cavalier barbare (n° 3). Les légendes associées sont le plus souvent erronées voire déformées et n'ont pour objectif que de s'approcher le plus possible du type initial : certaines marques d'atelier sont rétrogrades, type « NOƆ » (pour *Constantina*, ou purement fantaisistes, type « TN ».

La production considérable de monnaies imitées n'a jamais pu être retirée de la circulation par les empereurs ultérieurs. De nombreux exemplaires circuleront encore comme monnaies d'appoint jusqu'à la fin du IVe siècle et même dans le courant du Ve siècle, alors que la frappe des espèces de bronze sera définitivement suspendue en Occident.

V.G.

Bronzes

1. Type «CONSTANTINOPOLIS»
HL 5112-10 (R/) - PE 1415-
283 (R/)

2. Type «GLORIA EXERCITVS»
HL 3000-01 (R/) - HL 5112-
14 (R/)

3. Type «FEL TEMP REPARATIO»
HL 2216-39 (R/) - PE 1160-
122 (R/)

Les monnaies officielles
sont représentées à gauche,
les imitations à droite.

II

LES SCULPTURES ANTIQUES DE CHIRAGAN

**Relief:
le rapt de Proserpine,
détail.
Chiragan.
Inv. 30358**

Au premier étage du musée est exposée la majeure partie de l'extraordinaire ensemble de sculptures antiques provenant de Chiragan. Ce grand site archéologique, où aujourd'hui aucun vestige n'est visible, est un quartier rural de Martres-Tolosane, à 60 kilomètres au sud-ouest de Toulouse. Il se situe à la confluence de la Garonne et de l'un de ses petits affluents de la rive gauche, le Palas; vers le nord, il est limité par la voie romaine qui reliait Toulouse à *Lugdunum* des Convènes (Saint-Bertrand-de-Comminges) et à Dax. Il appartenait sous l'Empire romain à la province de Narbonnaise, dont la limite avec celle d'Aquitaine se trouvait un peu plus à l'ouest, entre les communes de Martres et de Boussens. On ne sait de façon sûre le nom que le lieu portait alors. On a long-temps cru qu'il s'agissait de la ville ou du *vicus* (agglomération secondaire) de *Calagurris*, qui est en fait à l'origine de l'actuel village de Saint-Martory. *Angonia* – qui désignait encore, au XVIIᵉ siècle, tout ou partie du territoire de Martres – ou *Aconia* ont également été suggérés. Ce serait une claire référence à une puissante famille qui aurait possédé l'endroit à l'époque romaine et dont l'un des membres, *Caius Aconius Taurus*, est mentionné sur un piédouche, hélas séparé de son buste-portrait, découvert sur place. À travers l'Empire, de nombreuses autres inscriptions parlent de la *gens* Aconia*, pépinière de sénateurs et de chevaliers ayant exercé d'importantes fonctions civiles, militaires et sacerdotales.

LES TEMPS FORTS
DES DÉCOUVERTES, DU XVIᵉ
AU XIXᵉ SIÈCLE

Au XVIᵉ siècle, la construction d'un moulin sur le bord du fleuve avait entraîné la récupération de matériaux pris dans les ruines. Pour les XVIIᵉ et XVIIIᵉ siècles, le souvenir nous a été transmis de l'intérêt que plusieurs hauts personnages du pays toulousain – le conseiller au Parlement Victor de Frézals, l'évêque de Rieux Antoine François de Berthier, le baron de Saint-Élix Jean-Charles Ledesmé – portèrent aux antiquités de Chiragan. Tous savaient que l'on trouvait là des sculptures de grande qualité et, soit par les recherches qu'ils firent, soit par achat auprès des paysans qui cultivaient ces terres pleines de décombres, ils s'approprièrent quelques belles pièces. Plusieurs d'entre elles sont passées dans les collections du musée, mais d'autres ont disparu, comme le torse de Vénus et le « tronc d'un homme assis, et sans autre habit qu'un manteau militaire à la romaine qui le couvre à demi, et qui est attaché par une boucle ronde sur l'épaule droite », que le conseiller de Frézals avait fait transporter dans son hôtel de Toulouse.

Au cours du premier quart du XIXᵉ siècle, l'inspecteur des antiquités du département, Alexandre du Mège, menant une enquête sur les monuments historiques de la Haute-Garonne, prit conscience de l'importance du site. Dans un premier temps, il essaya de rassembler tous les objets qui y avaient été découverts et étaient dispersés chez les habitants des environs. Il en acquit quelques-uns pour le musée de Toulouse. Pendant l'été de 1826, l'agriculteur Gabriel Saboulard mit la main sur plusieurs sculptures gisant en un seul endroit de son champ, ce qui déclencha la venue sur place d'Alexandre du Mège. Celui-ci eut des difficultés à le convaincre de vendre préférentiellement au musée le produit de sa trouvaille. Puis, à partir de septembre 1826 et jusqu'en 1830, Du Mège prit la direction d'une fouille systématique de ce point précis du site. C'était une véritable mine de sculptures! La majorité des œuvres actuellement conservées au musée ont été trouvées là, en un incroyable amas. Un plan des vestiges construits fut levé, mais il fallut attendre une nouvelle fouille, menée par une commission de la Société archéologique du Midi de la France, au sein de laquelle on comptait les architectes Urbain Vitry et Edmond Chambert, pour qu'un plus grand soin fût apporté à l'étude architecturale. Entre 1840 et 1843, ces excavations mirent au jour un ensemble thermal.

Près d'un demi-siècle s'écoula ensuite avant que fût entreprise une nouvelle fouille: celle du professeur d'université Albert Lebègue, aidé avec efficacité et passion par le Martrais Abel Ferré. Lebègue voulait contrôler la véracité des découvertes de Du Mège, souvent mise en cause: la chose paraissait à certains trop exceptionnelle en matière d'archéologie et de sculpture romaines. En 1890-1891, il fit creuser d'immenses tranchées à l'emplacement des fouilles de 1826-1830, parvenant jusqu'au sol vierge, à des profondeurs que l'inspecteur des antiquités n'avait pas atteintes. De nombreux morceaux de sculptures apparurent, qui complétaient ceux découverts par Du Mège. Ce dernier ne pouvait être plus longtemps soupçonné de mystification archéologique. Simplement avait-il publié avec beaucoup d'imprécision les sculptures qu'il avait révélées, ce qui, aujourd'hui, rend parfois difficile leur identification. Mais Lebègue ne fut guère plus clair dans l'inventaire des objets ramenés à la lumière, ni, d'ailleurs, l'ingénieur Léon Joulin qui, de 1897 à 1899, toujours secondé par Abel Ferré, reprit les fouilles. À Léon Joulin on doit surtout la recherche de plus grande envergure menée sur le site et une remarquable appréhension globale des vestiges architecturaux.

Piédouche d'un buste portant une inscription: *[Ge]nio C. Aconi[i] Tauri vet[…].* Chiragan. Inv. 31087

UNE VASTE VILLA
AU BORD DE LA GARONNE

Ces différentes fouilles ont exhumé un ensemble assez complexe de constructions. Leur plan général, dressé par Léon Joulin, montre qu'elles étaient inégalement réparties à l'intérieur d'un espace rectangulaire enclos de murs. Le mur septentrional, reconnu sur une longueur de 405 mètres, était parallèle à la voie romaine. Le mur ouest, suivi sur 320 mètres, perpendiculaire au précédent, se dirigeait vers la Garonne qui, par son érosion, l'avait écourté d'au moins une dizaine de mètres depuis l'Antiquité. Probablement rejoignait-il là un mur sud qui était autant une digue qu'une enceinte sur la rive d'un cours d'eau parfois impétueux. La rencontre se faisait, semble-t-il, selon un nouvel angle droit. Mais, en aval, un autre mur prend une direction oblique vers l'intérieur du rectangle, donnant à l'enclos une allure trapézoïdale. Il fut probablement édifié dans un deuxième temps, marquant un recul face à des crues dévastatrices. Le quatrième côté, vers l'est, est marqué par le mur extérieur des constructions LXII et LXXIII (nous utilisons au cours de cette description les chiffres romains attribués par Léon Joulin aux bâtiments ou groupes de bâtiments). Le reste de ce mur a probablement été détruit par les ravinements du Palas. Près de 13 hectares étaient ainsi protégés des eaux comme des intrusions extérieures.

Au centre de cet espace s'élevait une construction rectangulaire de 16 mètres sur 17 dont la fonction n'a pu être comprise. Elle était aussi dans l'axe longitudinal d'une vaste place rectangulaire de 240 mètres de long sur 125 mètres de large. Sur les côtés nord, est et les trois quarts orientaux du côté sud de cette place, Joulin reconnut les bâtiments d'exploitation agricole, d'artisanat et de logement des esclaves, colons et ouvriers d'une immense villa romaine. La plupart, bâtis assez légèrement, en utilisant le bois et le pisé, présentaient vers la place une petite galerie de façade. Vers le nord, une seconde ligne de bâtiments (étables? magasins?) complétait la *pars rustica* (ferme) de la villa.

Le côté ouest de la place était entièrement fermé par un long portique de 4 mètres de large (les demi-colonnes engagées dans son mur de fond devaient correspondre à autant de colonnes libres vers la place). Dans un deuxième temps, la moitié méridionale de cette galerie fut augmentée d'une largeur de 7 mètres, ce qui conféra au portique des proportions vraiment monumentales. Cet

agrandissement projeta aussi deux avant-corps latéraux vers la place, structurant l'ensemble de façon symétrique par rapport à l'angle sud-ouest de celle-ci, qui devint alors une cour en U (IX), avec l'édification d'un mur reliant l'un des avant-corps au bâtiment central de la villa. Ce dernier fut probablement mis en place par les mêmes maçons, si l'on en croit les observations de Joulin. Le portique monumental, dont la partie centrale seule se développait sur 45 mètres de long, semble alors avoir constitué l'accès solennel à la *pars urbana* (palais du maître). À son extrémité nord, il permettait d'accéder à une salle de type basilical de 25 mètres de long dont l'implantation supprima la première galerie étroite. On soulignera l'importance et la situation de cette salle, en se demandant si elle ne témoigne pas, dans le cadre des modifications monumentales décrites ci-dessus, d'une phase originale de l'histoire de la villa.

Dans la cour en U, les vestiges d'une grande fontaine semblent annoncer le complexe thermal qui se développait au sud (VII) et était desservi par un aqueduc souterrain. *Caldarium**, *tepidarium** et *frigidarium** (ce dernier avec sa grande piscine hémicirculaire de 10 mètres de diamètre entourée d'un promenoir) y ont été identifiés, tous magnifiquement revêtus de marbres, mosaïques et peintures murales, lors des fouilles de 1840-1843. D'autres constructions – dont un *œcus* (salon) absidé sur hypocauste* –, vers l'est (VIII), l'ouest et le sud, paraissent liées à ces thermes. Au sud, surtout, un atrium (14 mètres sur 17) donne accès à un vaste enclos (VI) terminé selon un hémicycle de 20 mètres de diamètre et qui intègre des petites chambres rectangulaires, semi-circulaires, à niches rectangulaires et même circulaires: Joulin y voyait un jardin ou une palestre*.

Au sud-ouest du portique monumental, un vaste péristyle de 40 mètres de côté (I) desservait de nombreuses pièces qui, à l'est, donnent aussi sur une cour à bassin central rond et sur deux atriums. Ces appartements étaient richement décorés de mosaïques, dallages et lambris de marbre. Vers le sud – où une salle à exèdre les remplaça dans un deuxième temps –, ils ouvraient sur une loggia à colonnes d'où l'on descendait, par un escalier monumental large d'une dizaine de mètres, vers une esplanade rectangulaire de 56 mètres sur 70 que Joulin appelait *vestibulum* (II). Selon cet auteur, elle était flanquée de cryptoportiques* permettant de gagner la plage de la Garonne. Plutôt que d'un espace d'entrée depuis le fleuve, il semble s'agir d'un lieu d'agrément en terrasse (jardinée?) qui surplombait celui-ci. Dans l'axe de l'escalier, dominant le cours d'eau, était un puissant édifice de plan hexagonal dans lequel fut trouvé en 1897-1899 un

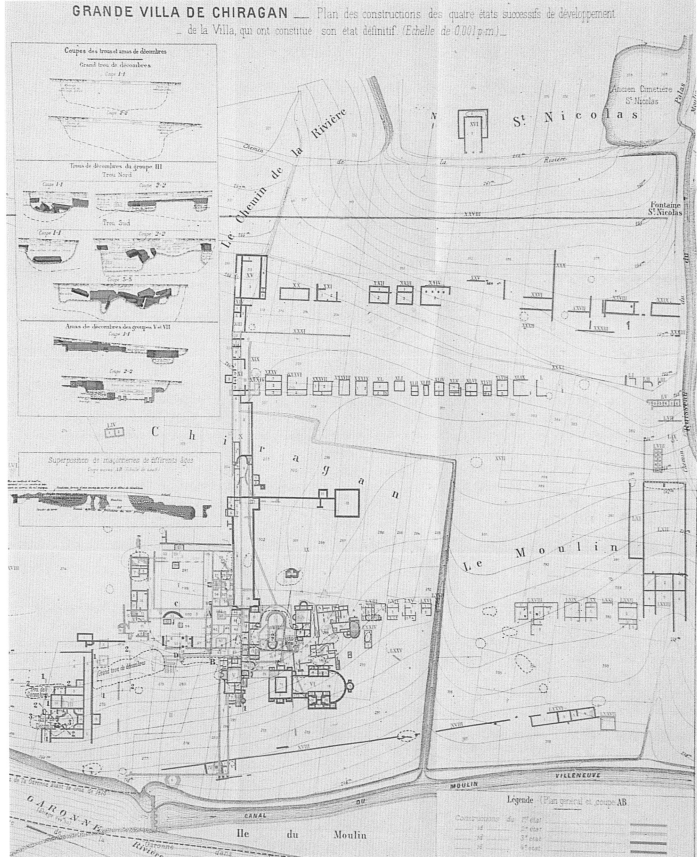

Plan de la villa de Chiragan. Planche n° III publiée par Léon Joulin dans *Les établissements gallo-romains de la plaine de Martres-Tolosane*, Paris, 1901.

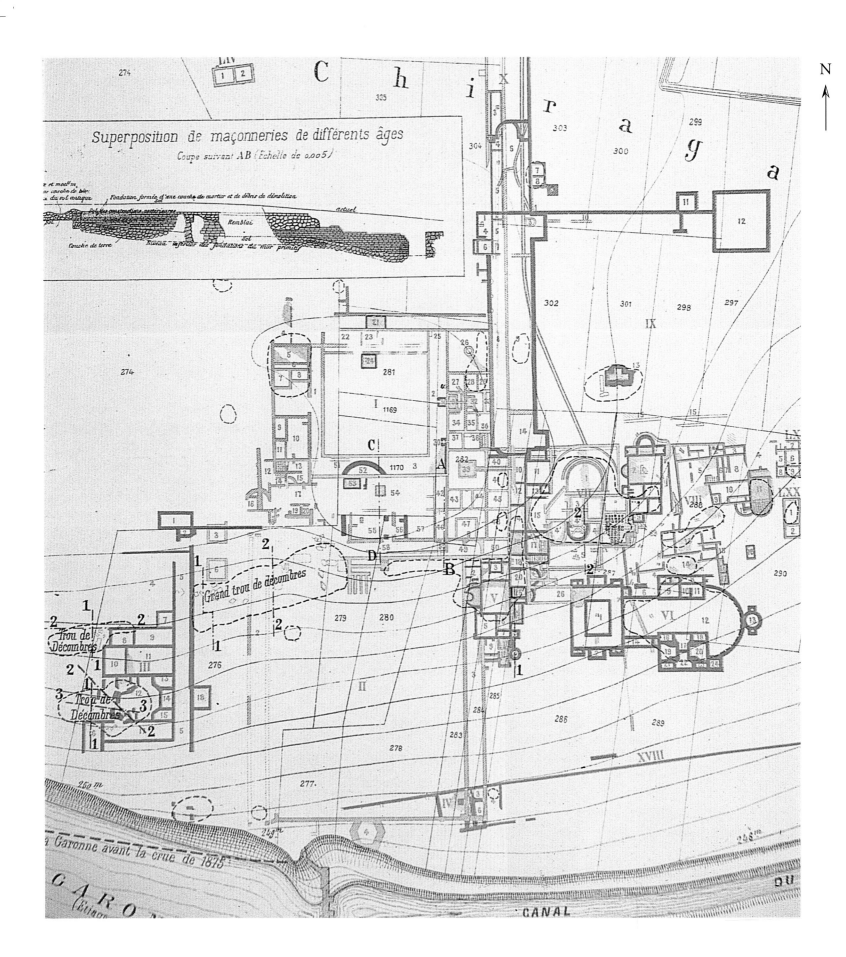

Superposition de maçonneries de différents âges
Coupe suivant AB (Échelle de 0,005)

Grand trou de décombres

Trou de
Décombres

Trou de
Décombres

a Garonne avant la crue de 1875

fragment de statuette que Joulin n'a malheureusement pas décrit dans son ouvrage. Cela est d'autant plus regrettable qu'au cours des fouilles du XIXᵉ siècle il n'a pratiquement jamais été possible d'établir un lien entre les sculptures découvertes à Chiragan et les lieux où elles avaient été placées dans l'Antiquité. Presque toutes brisées, celles-ci ont été retrouvées dans leur majorité à l'angle nord-ouest de cette esplanade, jusqu'au bord de l'escalier. On les y avait accumulées, apparemment pour s'en débarrasser, avec divers décombres, dans une immense excavation d'environ 12 mètres de large sur 45 mètres de long! Un autre groupe de sculptures est apparu de l'autre côté de l'escalier, jusque dans l'*impluvium** d'un atrium qui précédait une salle à manger d'été revêtue de marbres et rafraîchie par un nymphée en demi-cercle. Tout cela comme si, après la destruction des édifices de la partie supérieure de la villa, l'on avait profité, lors du déblaiement, de la dénivellation pour précipiter les marbres en contrebas de la loggia. À l'ouest de l'esplanade s'élevait encore un important bâtiment à galeries (III) dont le corps central divisé en plusieurs pièces rectangulaires en possédait aussi une de plan octogonal. Sa destination est inconnue.

Il n'est pas envisageable ici de détailler davantage les parties constitutives de cet immense complexe de plusieurs centaines de salles et galeries. Mais l'on aura compris qu'il ne s'est pas réalisé en un seul temps. Les monnaies trouvées ont laissé entendre que le lieu avait été occupé pendant au moins quatre siècles et demi, d'Auguste à Arcadius, et il faut avouer que l'on ne sait rien de la date et des circonstances de la destruction. Léon Joulin, à travers l'étude des maçonneries, reconnaissait quatre étapes dans l'élaboration de cet ensemble: sous Auguste, Trajan, Antonin le Pieux et à l'époque constantinienne. En l'absence de véritables observations stratigraphiques, cette chronologie reste à vérifier. Demeure toutefois très intéressante sa remarque montrant que plusieurs constructions réalisées selon une même technique (son type n° 3) amplifient assez considérablement certains espaces de la villa précédente: le grand portique d'entrée et sa «basilique», la salle à exèdre de la loggia, le grand atrium et son «jardin-palestre».

Qui furent les commanditaires de ces différentes constructions? S'agit-il de Caius Aconius Taurus, de ses ascendants ou descendants? Devant l'ampleur de ces architectures et en considérant aussi les sculptures dont il va maintenant être question, d'autres hypothèses ont été avancées. Ainsi a-t-on évoqué tour à tour un domaine impérial, une résidence du puissant sénateur qui gouvernait la Narbonnaise, l'existence d'un lieu consacré au culte de l'empereur, la demeure d'un collectionneur, la réutilisation d'édifices afin d'y entreposer des sculptures venues d'ailleurs. Mais aucune de ces propositions n'est suffisamment fondée pour être vraiment retenue. De plus, la fonction a pu se modifier au cours des siècles.

LES ÉLÉMENTS ARCHITECTONIQUES

Si le plan fournit quelques impressions générales sur ces architectures, nous avons beaucoup de peine à en percevoir les élévations. Seuls quelques colonnes (à l'église de Martres-Tolosane) et rares tronçons de fûts rencontrés dans les excavations évoquent les portiques. Du Mège est le seul à avoir vu les restes de l'un d'eux: «Sur les bords mêmes du fleuve, une colonnade légère s'étendait en ligne droite dans une étendue d'environ 80 mètres» (*Description du Musée[…]*, 1835, p. 141). S'agissait-il de celle de la loggia? Des centaines de placages de marbres de toutes sortes (plinthes, pilastres cannelés, encadrements, corniches denticulées, lambris, etc.) sont autant de témoins de la somptuosité de la villa. Le musée expose quelques beaux morceaux de pilastres ou de jambages de portes recueillis lors des fouilles de 1826-1830. Le plus imposant (1 mètre de large) possède un encadrement orné de rais-de-cœur et palmettes, en relief méplat sur la doucine. Au centre, un puissant rinceau se développe autour de grosses fleurs, entraînant dans son mouvement caulicoles et feuilles d'acanthe. De petits animaux y vivent. Des rinceaux tout aussi foisonnants se retrouvent sur des pilastres ou jambages moins larges. Sur l'un d'eux, l'enroulement naît d'un double calice d'acanthe. Si le contexte de leur découverte ne précise guère leur date, l'abondance des feuillages, le volume des fleurs, la densité de la sculpture, amènent à la croire assez tardive, pas antérieure au IIᵉ siècle et peut-être au IIIᵉ siècle. On connaît la richesse atteinte par ces décors sous les Sévères. Deux autres morceaux de même fonction sont également dignes

Morceau d'un grand rinceau
dans un encadrement.
Chiragan,
IIᵉ ou IIIᵉ siècle.
Inv. 30566

Partie basse d'un pilastre
ou jambage de porte :
rinceau montant
d'un culot d'acanthe.
Chiragan,
IIᵉ ou IIIᵉ siècle.
Inv. 30561

Partie basse
d'un pilastre
ou jambage de porte :
acanthe.
Chiragan,
IIe ou IIIe siècle.
Inv. 30563

Chapiteau corinthien
à tête de feuillage.
Chiragan,
IIe ou IIIe siècle.
Inv. J 6 B

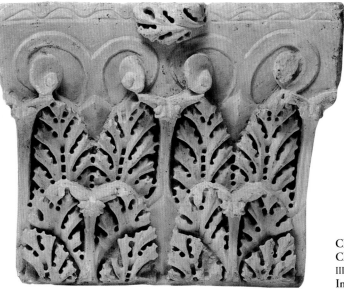

Chapiteau de pilastre.
Chiragan : thermes,
IIIe ou IVe siècle.
Inv. 30568

d'attention par leurs grands culots d'acanthe nervée et aplatie. L'un d'eux joue des effets produits par les recouvrements successifs de ces larges feuilles. Parmi les chapiteaux, on en retiendra surtout un, corinthien, d'assez grandes dimensions (environ 75 centimètres de largeur lorsqu'il était complet), pour sa belle tête de feuillage; un autre, de même module, est resté épannelé. Enfin, les fouilles de 1840-1843 ont extrait des thermes un chapiteau de pilastre dont les deux rangs de feuilles sont criblés de trous de trépan : il pourrait être assez tardif.

La sculpture liée à l'architecture

De nombreuses pièces sculptées autres que des éléments de support avouent, par des détails techniques de scellement ou de placage, leur liaison avec l'architecture.

C'est le cas d'une première série de têtes en demi ou bas relief dont la partie antérieure est évidée. Leur thématique bachique ne fait aucun doute. Peut-être reconnaîtra-t-on Bacchus et Ariane près d'un silène chauve, de satyres et du dieu Pan. La plupart de ces têtes avaient été placées, à la fin du XVIIe siècle, dans la cour du palais épiscopal de Rieux, comme exemples de l'idolâtrie et «fragments mutilés d'un temple dont le souvenir a disparu».

Masques bachiques.
Chiragan.

C'est ce que précisait une inscription latine composée afin de dire au visiteur la signification que l'évêque François de Berthier leur accordait.

Le goût pour le théâtre explique la présence d'une suite de masques scéniques alignés et sculptés en bas relief sur une plaque de marbre. Des plaques comparables ont été trouvées dans un contexte domestique à Rome et dans plusieurs villas du Latium. Certains de ces masques rappellent les représentations de satyres et de silènes: ils se rapportent au drame satyrique et à la comédie. D'autres, les yeux abaissés, munis de hautes perruques à mèches verticales et frisées, évoquent la tragédie. Si elles ne possèdent pas toujours la finesse décorative de celles que l'on peut voir à Rome, au Vatican et au Capitole, ces œuvres n'en ont pas moins, dans leur outrance, une grande valeur expressive, à mi-chemin entre le mythe et la réalité.

Quatre des masques de théâtre
découverts à Chiragan.
Inv. 30521

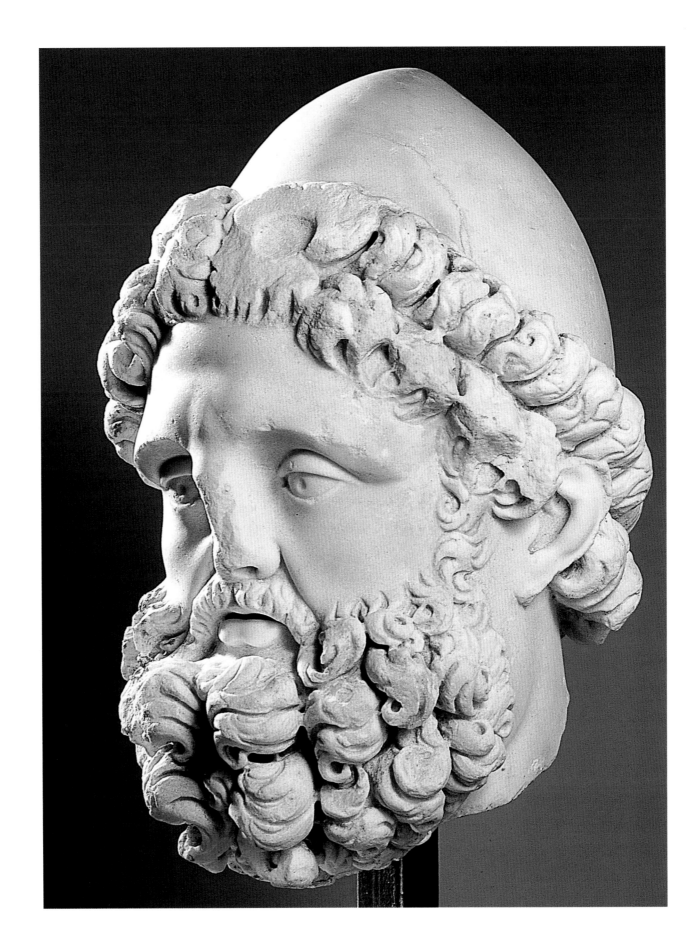

Tête de Vulcain,
séparée de
son médaillon.
Chiragan,
IIe ou IIIe siècle.
Inv. 30503

Médaillon : Cybèle.
Chiragan,
IIe ou IIIe siècle.
Inv. 30508

Médaillon : Attis.
Chiragan,
IIe ou IIIe siècle.
Inv. 30511

Médaillon : Esculape.
Chiragan,
IIe ou IIIe siècle.
Inv. 30512

Six grands bustes en marbre pris dans des cadres circulaires (entre 75 et 90 centimètres de diamètre) possédant encore leurs têtes, quatre autres acéphales et trois têtes séparées d'œuvres du même type s'inscrivaient aussi dans le décor monumental de Chiragan. L'arrière de chaque médaillon est évidé, afin de l'alléger, et piqueté, dans le but de faciliter l'adhésion d'un mortier de scellement. Il s'agit d'une variation propre à Chiragan sur le thème éminemment romain de l'*imago clipeata*, c'est-à-dire la mise en valeur sur un bouclier de la représentation de personnages célèbres. Mais ici le bouclier est remplacé par un cadre mouluré et les personnages sont des dieux. Si l'on ne peut reconnaître ceux des médaillons privés de têtes, si l'on peut hésiter à voir en l'un de ceux qui sont complets et en deux têtes isolées Diane, Vénus et Junon, en revanche six de ces divinités sont parfaitement identifiables. Minerve est casquée, protégée par l'égide* à Gorgone ailée, et Vulcain coiffé d'un gros bonnet d'ouvrier. La figuration de Minerve est conventionnelle et non exempte de maladresses de taille ; celle de Vulcain, le dieu du feu et des forges, est plus réussie. Le sculpteur y affectionna le développement, presque excessif, de la barbe et de la chevelure : chaque touffe, bien séparée de sa voisine, est fortement creusée par le trépan, la boucle terminale se lovant autour d'un gros trou. Un faire identique caractérise le buste d'Esculape, dont on remarquera les paupières gonflées et le dessin sinueux des arcades sourcilières qui en découle. Le dieu de la médecine forme un couple avec Hygie, personnification de la santé, les deux étant unis par la présence du serpent. De plus grandes dimensions sont les bustes de Cybèle, la Grande Mère orientale, couronnée d'un crénelage sur lequel est posé un haut voile retombant sur ses épaules, et de son compagnon Attis, dont la chevelure bouclée surgit sous un bonnet phrygien. Dans cette série de médaillons – dont on ignore le nombre exact –, place avait donc été faite, auprès des (douze ?) Olympiens, à ces couples divins dont les cultes, étroitement liés à la vie humaine et à la fertilité, possédaient un contenu moins formel. Mais quelle valeur leur attribuer dans le contexte de Chiragan ?

LES TRAVAUX D'HERCULE

Les reliefs des Travaux d'Hercule formaient un ensemble monumental original dont la disposition demeure inconnue. Le comte de Clarac y vit, peu après la découverte entre 1826 et 1830 des premiers morceaux, les métopes d'un temple. Léon Joulin suggéra leur appartenance à «une grande surface murale divisée par des pilastres» : chaque panneau aurait reçu un relief surmonté d'un médaillon-buste de dieu. Les marbres utilisés pour les médaillons et les reliefs sont les mêmes, blancs et gris à gros cristaux, vraisemblablement des carrières de la haute vallée de la Garonne (Saint-Béat ?). Facture et style plaident en faveur d'une œuvre commune. L'hypothèse de Joulin suppose un programme iconographique pour un édifice de grandes dimensions. Dans le plan général de Chiragan, ce pourrait être le portique de 45 mètres de long du secteur IX : mais l'on ignore quasiment tout de son aspect réel. Les Travaux d'Hercule connurent un développement comparable dans les tableaux de mosaïque qui pavent la *stoa** de la somptueuse villa construite par Hérode Atticus en Arcadie au cours du deuxième quart du IIe siècle.

Ces reliefs sont sculptés dans des blocs parallélépipédiques dressés par un sciage dont la trace subsiste, surtout sur la face arrière. Celle-ci est également piquetée afin de fixer le mortier de scellement. Le relief d'Hercule et Géryon est le seul à présenter une hauteur (1,55 mètre) et une largeur (1,05 mètre) plus importantes. Les autres, autant que l'on puisse en juger, étaient hauts de 1,44 mètre et larges de 0,88 mètre. Tous possèdent un encadrement mouluré sur lequel la sculpture empiète assez souvent, ce qui augmente artificiellement la profondeur du champ de l'image. La sculpture utilise toute la gamme des reliefs, du méplat au très haut relief, et se risque à la ronde-bosse pour certains membres, jambes ou bras, qui viennent ainsi au premier plan. Dans ce travail, tout est permis, jusqu'à l'excès et aux maladresses (des raccourcis parfois hasardeux), afin de pousser au maximum la plastique dans les trois dimensions. En résulte une animation «baroque» souvent remarquée à propos de ces étonnants reliefs.

Héros le plus réputé de toute la mythologie grecque et romaine, Héraclès-Hercule était fils de Zeus-Jupiter et d'Alcmène. De constitution athlétique, il était l'expression la plus accomplie de la force physique. Héra-Junon chercha d'abord à le tuer, puis le rendit fou, au point qu'il supprima les enfants qu'il avait eus de Mégara, et enfin lui imposa son cousin Eurysthée pour maître. Pour la gloire de Junon et en expiation du meurtre de ses enfants, celui-ci lui donna l'ordre d'exécuter douze travaux pendant douze années. Apollon et Minerve promirent à Hercule l'immortalité en récompense de son succès. Les épreuves du héros prirent de nombreuses significations : le dépassement de soi, le détachement des contraintes du corps et des passions… Chacun, qu'il fût animé d'un idéal héroïque, mystique ou politique, pouvait s'identifier à Hercule. Et l'on sait que certains empereurs romains, Commode ou Maximien Hercule par exemple, ne s'en privèrent pas dans leur propagande. Ainsi s'explique la multiplication des images des Travaux d'Hercule, notamment sur les sarcophages des IIe et IIIe siècles. Mais les grands reliefs contemporains sont rares. Il convient de le souligner afin de mieux marquer l'originalité de ceux de Chiragan.

Le lion de Némée

Les six premiers travaux ont pour cadre le Péloponnèse. Tout commença par l'étouffement du lion de Némée. Hercule revêtit sa peau et coiffa souvent sa tête en guise de casque. D'un grand pouvoir protecteur, cette léonté* fut l'unique vêtement d'Hercule, campé par ailleurs dans la nudité héroïque. Peut-être conservons-nous au musée quelques morceaux de ce premier relief, mais aucun n'est sûrement reconnaissable. Joulin lui donnait une tête d'Hercule en raison de la jeunesse de sa physionomie, arguant du fait que dans ses premiers travaux le héros était toujours figuré imberbe et à un âge peu avancé. Ce type de visage se retrouve sur les panneaux de l'hydre de Lerne et du sanglier d'Érymanthe. Mais nous ne devons pas exclure l'appartenance de cette tête au relief qui racontait l'histoire de la biche de Cérynie, car l'ordre dans lequel furent exposés les exploits d'Hercule connut des variations dans les mondes grec et romain (de cette biche ne nous est peut-être parvenu que l'un des célèbres pieds d'airain).

L'hydre de Lerne

Fille d'Echidna et de Typhon, nourrie par Junon près de la source Amymoné, l'hydre de Lerne développe ici ses multiples têtes sous la forme de serpents issus d'un même corps monstrueux. Elle se dresse devant Hercule et, de sa queue vigoureuse, enlace et étreint sa jambe gauche. Les gueules dentées du reptile, menaçantes, dégageaient une

Tête d'Hercule jeune et imberbe provenant peut-être du relief représentant la capture du lion de Némée. Chiragan, IIe ou IIIe siècle. Inv. 30373

haleine mortelle. À l'arc donné par Apollon, dont les extrémités sont ornées de têtes d'aigles, le héros préfère la massue taillée dans un tronc d'olivier, son arme la plus caractéristique, offerte par Minerve. Il empoigne à pleine main les têtes du monstre. Mais, celles-ci renaissant sans cesse, le neveu d'Hercule, Iolaos, figuré dans une moindre dimension, fait avancer en direction de l'animal invincible le feu d'une forêt, saisissant lui-même un tison avec lequel il brûle les chairs de l'animal afin d'éviter qu'elles repoussent.

Hercule
et l'hydre de Lerne.
Chiragan,
IIᵉ ou IIIᵉ siècle.
Inv. 30374

Hercule
et le sanglier d'Érymanthe.
Chiragan,
IIᵉ ou IIIᵉ siècle.
Inv. 30375

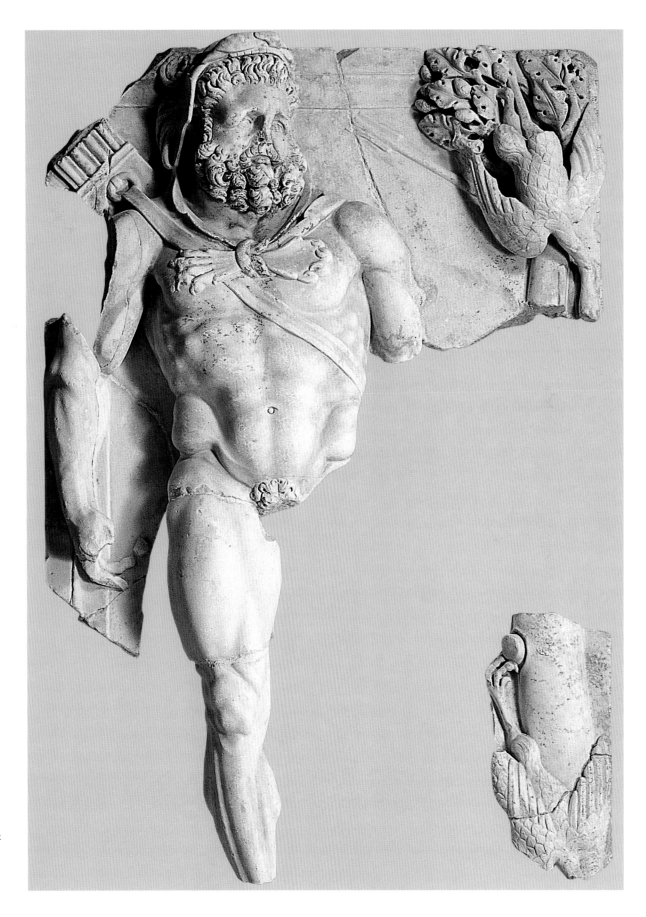

Hercule et les oiseaux
du lac Stymphale.
Chiragan,
IIᵉ ou IIIᵉ siècle.
Inv. 30377

Hercule nettoyant
les écuries d'Augias.
Chiragan,
IIe ou IIIe siècle.
Inv. 30376

Le sanglier d'Érymanthe

Vivant sur la montagne arcadienne d'Érymanthe, le redoutable sanglier vient d'être saisi par Hercule qui, de ses bras d'acier, le presse contre sa poitrine afin de l'amener à Mycènes et de le remettre à Eurysthée. Ce dernier, terrorisé et levant les bras au ciel à la vue du formidable animal, s'est réfugié dans une grande jarre.

Les oiseaux du lac Stymphale

Seule la moitié de ce relief a pu être reconstituée. Placé sans doute après la chasse de la biche de Cérynie, il met en scène Hercule qui vient de décocher ses flèches sur les terribles oiseaux à plumes métalliques acérées perchés sur les arbres des berges du lac Stymphale. La difficulté consistait à leur faire quitter les frondaisons, qui les dissimulaient à la vue. Athéna fournit au héros des castagnettes d'airain, fabriquées par Vulcain, dont le son fit s'envoler les dangereux volatiles de leur repaire, les exposant ainsi aux flèches. Leur chute est saisissante. La physionomie d'Hercule change : il est désormais plus âgé et barbu, avec une face large et creusée par l'effort.

Les écuries du roi Augias

Il s'agit du dernier des travaux effectués dans le Péloponnèse. Hercule se repose, une main dans le dos, le pied droit posé sur le couffin d'osier qui lui a permis d'évacuer le fumier accumulé dans les écuries d'Augias. Il s'appuie sur l'outil avec lequel il a détourné le cours des fleuves Alphée et Pénée afin d'assainir les étables. Ceux-ci étaient peut-être figurés dans l'angle supérieur gauche du tableau, comme le suggère le bas d'un paysage rocheux. Eurysthée humilia Hercule en lui imposant cette besogne habituellement réservée aux esclaves. Augias ne paya pas au héros le salaire convenu et le chassa de son royaume : aussi se dirigea-t-il vers d'autres horizons.

Le taureau de Crète

Du taureau de Crète furieux, qui projetait du feu par ses naseaux et qu'Hercule captura, n'est identifiable que la tête, même si des sabots lui sont aussi attribuables. Selon une iconographie courante sur les sarcophages romains, Hercule se saisit de l'animal par les cornes : l'une d'elles est ici maîtrisée par la main gauche du héros.

Tête du taureau de Crète. Chiragan, IIe ou IIIe siècle. Inv. 30378

Hercule et Diomède

Sur le relief suivant, très lacunaire et pour cela hypothétiquement reconstituable, Hercule tire par les cheveux la tête, coiffée d'une sorte de mitre, du roi de Thrace Diomède. Hurlant de douleur, ce dernier tente de lutter avec le héros en attrapant sa cuisse. Sur un mode mineur, habituel sur ces reliefs, étaient sans doute représentées les juments du roi, qui se nourrissaient de chair humaine. C'est probablement l'une d'elles qui apparaît sur un morceau disposé dans l'angle inférieur gauche. Cette intégration, déjà proposée dans les anciennes expositions, a été reprise. La puissante figure d'Hercule, vue de dos et de trois quarts, la tête dans un impressionnant profil, occupait largement le champ du relief. Les traitements distincts de la chevelure et de la barbe d'une part, de l'abondante crinière de lion qui se répand sur le dos d'autre part, témoignent éloquemment du savoir-faire et de la virtuosité du sculpteur.

Hercule et Diomède.
Chiragan,
IIe ou IIIe siècle.
Inv. 30380

Détail de la tête d'Hercule attaquant Diomède.
Chiragan,
IIᵉ ou IIIᵉ siècle.
Inv. 30380

La reine
des Amazones
Hippolyté.
Chiragan,
IIe ou IIIe siècle.
Inv. 30381

Détail du
visage d'Hippolyté.
Chiragan,
IIe ou IIIe siècle.
Inv. 30381

La reine des Amazones Hippolyté

D'Hercule ne subsistent ici que les pieds nus! Il se dressait derrière le cheval, qui fuit vers le fond où il disparaît, de la reine des Amazones Hippolyté. Celle-ci a laissé choir son bouclier et brandit sa double-hache. Privée de la ceinture qu'Hercule vient de lui dérober, sa tunique flotte dans le mouvement du combat. La torsion du corps, vu de dos, amplifie celui-ci et, dans toute cette violence, les rondeurs féminines du bras droit et la douceur du visage font contraste. Sous le bonnet phrygien de la souveraine orientale, la chevelure foisonne, avec ses mèches profondément creusées et achevées en petites boucles perforées.

Les trois têtes de Géryon.
Chiragan,
IIᵉ ou IIIᵉ siècle.
Inv. 30382

Hercule et Géryon.
Chiragan,
IIᵉ ou IIIᵉ siècle.
Inv. 30382

Hercule et Géryon

Est-ce en raison de la proximité de l'*Hispania,* ce pays de l'extrême occident où aurait vécu Géryon avec ses magnifiques troupeaux de bœufs et où son mythe était particulièrement présent, que ce relief eut à Chiragan des dimensions supérieures à celles des autres ? Ou bien lui avait-on attribué une valeur allégorique spécifique ? Au-delà du mythe, était-ce une allusion à quelque victoire militaire romaine ? Revêtu de la cuirasse à lambrequins*, aux ptéryges* finement ornés de figures animales et de Gorgones, sur laquelle passe le *paludamentum*, le géant Géryon est armé d'un glaive et d'un bouclier. Sa triple nature est rendue par trois têtes auxquelles Hercule s'attaque : l'une, reposant sur l'épaule droite, est déjà morte ; la deuxième expire en s'affaissant sur la gauche ; la troisième, fortement maintenue par la main du héros, pousse un cri désespéré avant d'être frappée. La juxtaposition des trois expressions est poignante et fait songer aux plus belles réussites des sculpteurs de Pergame. Jamais à Chiragan le corps d'Hercule n'avait atteint cette extension musculaire et cette présence dans l'espace, avec la projection en ronde bosse de la jambe gauche.

Les pommes d'or du jardin des Hespérides

Lorsqu'elle avait épousé Jupiter, Junon avait reçu en cadeau de merveilleuses pommes d'or. Elle les avait enfouies dans son jardin, au pied du mont Atlas, faisant ainsi croître un arbre extraordinaire qui produisait des fruits semblables. Trop souvent volées par les filles d'Atlas, ces pommes, mais aussi l'arbre qui les portait, furent placés sous la protection d'un serpent immortel. Veillaient aussi sur l'arbre les trois nymphes du soir, les Hespérides, qui embrasaient de chaudes couleurs la fin du jour dans l'occident du monde. Au terme d'un long voyage semé d'obstacles, Hercule découvrit l'arbre aux pommes d'or. Après avoir tué le serpent qui, tel celui du jardin d'Éden, vivait enroulé autour de son tronc, le héros cueillit ou se fit donner par Atlas les fruits réservés aux dieux, les remit à Eurysthée, puis à Minerve qui s'empressa de les rapporter sur l'arbre défendu.

La présence du relief illustrant ce mythe avait été perçue dès la première fouille grâce à la découverte d'un avant-bras gauche dont la main porte cinq fruits rebondis et légèrement piriformes. Parmi les morceaux de sculpture restés dans les réserves du musée, nous avons retrouvé : le torse nu d'Hercule, oblitéré du baudrier d'un

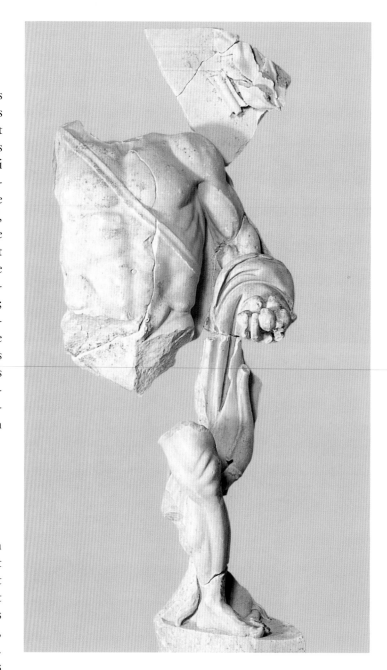

Hercule portant
les pommes d'or
du jardin des Hespérides
Chiragan,
IIe ou IIIe siècle.
Inv. 30383

carquois, qui se raccorde à cet avant-bras ; la retombée de la peau de bovidé qui l'enveloppe – curieusement, et non celle, traditionnelle, du lion de Némée ; la jambe et le pied gauches du héros, avec une partie du terrain. Ce pied en écrase un autre, beaucoup plus petit, qui surgit de la chute d'un vêtement. Il y avait donc là un personnage de faible dimension (une Hespéride ? Atlas ?) qui participait à la scène, selon une pratique iconographique déjà utilisée sur d'autres reliefs de la série. Les ressources des magasins du musée ont aussi permis de replacer au-dessus de l'épaule gauche d'Hercule une partie du feuillage fourni de l'arbre aux pommes d'or ; on y verra les ailerons de la flèche qui transperça le serpent qui en était inséparable.

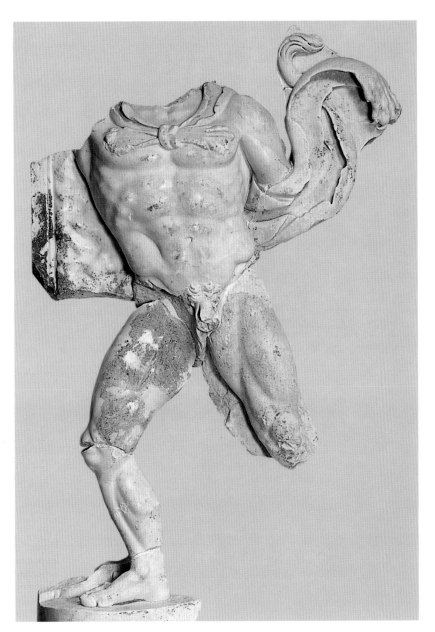

Hercule
et Cerbère.
Chiragan,
IIe ou IIIe siècle.

Minerve armée.
Chiragan,
IIe ou IIIe siècle.
Inv. 30302

Hercule et Cerbère

L'association de plusieurs morceaux répertoriés isolément par Léon Joulin et par les anciens catalogues révèle un dernier relief. Hercule, la léonté* nouée sur la poitrine, a le bras droit levé (tenant la massue?) et le gauche abaissé, sans doute tendu obliquement vers un autre protagoniste. Ce schéma d'action, connu sur un sarcophage du IIe siècle du musée des Offices où il est simplement inversé par rapport à la sculpture de Chiragan, a toute chance de correspondre au voyage d'Hercule aux Enfers.

De la bouche de ces derniers, en bas et à sa gauche, Hercule tirait vers lui le chien Cerbère.

La fragmentation des Travaux d'Hercule a été telle que subsistent encore de nombreux morceaux qui leur appartenaient mais que l'on ne peut replacer avec certitude. Avec le taureau de Crète et la tête d'Hercule de la légende du lion de Némée, deux autres ont été exposés en raison de leur qualité: une tête d'Hercule et une Minerve armée d'un bouclier et d'une lance.

DES DIEUX
VENUS D'ÉGYPTE

Les médaillons de Cybèle et d'Attis nous ont déjà rappelé l'importance acquise dans l'Occident romain par les dieux dont les cultes étaient nés en Orient. Chiragan a aussi révélé, avec des expressions plastiques différentes, trois dieux originaires de l'Égypte hellénistique: Isis, Harpocrate et Sarapis.

Isis

Il s'agit de la plus grande statue découverte à Chiragan puisque, privée de sa tête, l'œuvre mesure 1,87 mètre de haut. Elle est également impressionnante par son matériau, un marbre noir veiné de blanc, choisi par le sculpteur afin de traduire le vêtement sacré de la déesse, noir et bordé d'une frange caractéristique. Plusieurs pans de celui-ci sont ramenés au centre du buste et entre les seins, où ils sont maintenus par un grand nœud dit isiaque. Des cavités avaient été réservées afin de loger les pieds, les bras et la tête, probablement taillés dans un marbre de couleur différente. Tous ont disparu. La dimension de l'œuvre est à la mesure de l'importance acquise par la déesse sous l'Empire romain. Divinité syncrétique en des temps où se développe le monothéisme, elle fut plus d'une fois considérée comme la déesse majeure, maîtresse de l'univers, créatrice, régulatrice et bienfaitrice des activités humaines, inspiratrice de la justice et des préceptes moraux les plus élevés.

Émile Espérandieu avait suggéré qu'une fort belle tête féminine du musée Saint-Raymond – mais dont la provenance de Chiragan n'est pas vraiment assurée – était celle d'une statue d'Isis. Henri Rachou y voyait Ariane. Les représentations d'Isis montrent un arrangement des cheveux semblable, avec chutes latérales d'«anglaises» jusqu'à la naissance des épaules. Ici, au-dessus du front et sur les côtés du crâne, ces mèches torsadées sont maintenues par un double ruban. Le groupe axial de trois mèches s'interrompt anormalement vers le sommet, qui semble avoir été brisé, retaillé ou laissé inachevé par manque de matière. A-t-il existé ou était-il prévu en ce point quelque attribut (croissant de lune, cornes, disque…)? Ce détail serait en faveur d'une représentation d'Isis.

Statue d'Isis.
Chiragan,
IIᵉ ou IIIᵉ siècle.
Inv. 30307

Tête féminine :
Isis ?
Chiragan ?,
IIᵉ siècle.
Inv. 30331

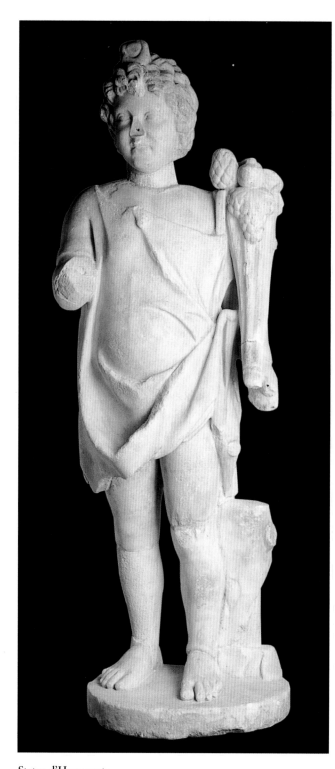

Statue d'Harpocrate.
Chiragan,
IIᵉ ou IIIᵉ siècle.
Inv. 30310

Harpocrate

Ce nom est la transcription grecque d'un mot égyptien qui désigne Horus l'Enfant, fils d'Isis et d'Osiris. Son culte était, dans la civilisation gréco-romaine, naturellement lié à ceux d'Isis et de Sarapis. Si, comme ces derniers, Harpocrate garantissait la fertilité, il était aussi plus spécifiquement appelé à protéger les enfants. La statue de Chiragan, sans doute une réplique ou une variante d'une œuvre hellénistique, presque complètement reconstituée à partir de plusieurs morceaux trouvés dans différentes fouilles, en est la plus aimable des images. Joufflu, potelé, le dieu agreste est vêtu comme un moissonneur qui a relevé sa tunique afin d'avancer plus commodément, jambes et pieds nus, à travers champs. Dans une pose déhanchée, en appui sur un tronc d'arbre, il porte de sa main gauche une longue corne d'abondance cannelée qui regorge de fruits. Les richesses de la terre procurées par l'agriculture sont ainsi évoquées. Il dirigeait l'index dressé de sa main droite vers sa bouche : un geste d'enfant, mais qui signifie aussi le silence, le mystère, et confère une dimension religieuse à ce personnage si vivant. La tête – qui appartient certainement à la statue bien qu'une grande partie du cou ait disparu – montre un triple attribut (disque, croissant et épi de blé) au-dessus des cheveux ceints d'une bandelette.

Sarapis-Pluton

Ce grand haut-relief est révélé par plusieurs morceaux associables malgré l'absence des éléments intermédiaires. Le plus important figure un homme vêtu d'une tunique plissée et d'un manteau amplement drapé qui retombe de l'épaule gauche. Sa tête, abondamment chevelue et barbue, est coiffée d'un récipient où l'on a reconnu le *modius*, une mesure de capacité surtout utilisée pour le blé. À l'avant de cet attribut s'en détache un second, une mitre oblongue à renflement sommital, qui est la couronne blanche des pharaons *(hedjet)*, portée aussi par le dieu égyptien Osiris. Surplombant le visage idéal d'un dieu gréco-romain, à l'expression à la fois distante et bienveillante, ces éléments identifient une divinité syncrétique. Sous les Lagides, l'Égypte hellénisée avait associé les traditions religieuses grecques et autochtones en de nouveaux dieux dont le culte se perpétua jusqu'à sous l'Empire romain. Le caractère agraire des fêtes d'Osiris, qui avaient lieu à la fin de la crue du Nil, laquelle garantissait les abondantes moissons de blé qui longtemps permirent d'alimenter Rome, explique la présence du *modius*. Mais,

Détail du visage
de Sarapis-Pluton.
Chiragan,
IIe ou IIIe siècle.
Inv. 30301

Statue de Sarapis-Pluton.
Chiragan,
IIe ou IIIe siècle.
Inv. 30301

sous Ptolémée Iᵉʳ Sôter (roi d'Égypte de 305 à 285 av. J.-C.), Osiris, qui avait lui-même été assimilé dans l'Égypte pharaonique au dieu-taureau Apis, symbole de fécondité, céda la place au grand dieu alexandrin Sarapis. Celui-ci en conserva le sens, les attributs, comme il recueillit ceux de grands dieux gréco-romains : Zeus-Jupiter, Hadès-Pluton, Dionysos-Bacchus, Asclépios-Esculape, Héraclès-Hercule. À tel point que, en dehors d'un contexte architectural et cultuel précis, les images parvenues jusqu'à nous restent difficiles à déchiffrer. C'est le cas du relief trouvé à Chiragan, où l'on a généralement vu un Jupiter-Sarapis. Mais cette assimilation préférentielle de Sarapis à Jupiter est-elle ici la plus pertinente ? La question se pose si l'on adjoint à ce dieu un Cerbère (également découvert à Chiragan), comme cela avait été fait au XIXᵉ siècle par Alexandre du Mège. L'animal, dont l'une des trois têtes est conservée, se détache sur une plaque dont la mouluration latérale, plate et rainurée, est la même que celle qui passe derrière la tête du dieu. À la gauche du chien tricéphale se raccorde un morceau qui porte la suite de sa queue et un pied droit chaussé d'une sandale à lanières. Un pied gauche lui correspond, mais il manque le fragment qui permettrait d'assurer son contact et sa position. Il s'agit sans doute des pieds du dieu. La sculpture la plus proche est un Hadès-Sarapis assis du théâtre d'Hiérapolis (Phrygie), conservé au musée de Pamukkale (Turquie) et daté de l'époque des Sévères. On songe aussi au beau Pluton au *modius* du théâtre de Mérida.

LA VÉNUS DE MARTRES

Les fouilles de 1826 exhumèrent une remarquable tête d'Aphrodite-Vénus. L'œuvre s'arrête au sommet de la poitrine et au départ de l'épaule gauche : l'arrière de ces parties forme un bouchon d'encastrement. Ce morceau choisi, aujourd'hui isolé, était peut-être inséré dans le corps d'une statue. Mais aucun fragment de celle-ci ne peut être identifié, parmi les centaines rangés dans les réserves du musée, malgré la mention par Alexandre du Mège de «portions de bras qui paraissent avoir fait partie de cette statue» (*Description du Musée des Antiques de Toulouse*, 1835, p. 79, n° 140). Sa disposition sur un buste ou un hermès*, conformément à d'autres pratiques artistiques de l'Antiquité, est également possible. Le comte de Clarac, conservateur des antiquités du Louvre, avait vu la tête peu après sa mise au jour et remarqué que son côté gauche était alors «recouvert de tartre» (*Musée de sculpture*

antique et moderne, tome II, 1ʳᵉ partie, Paris, 1841, p. 588). Quelques concrétions calcaires subsistent en cet endroit, surtout dans la chevelure ; elles ont échappé au nettoyage auquel l'un des sculpteurs-restaurateurs attachés au musée avait procédé afin de présenter dignement la déesse au public. Dans le même temps, l'extrémité du nez et le dessous du nœud de cheveux occipital, manquants, avaient été restitués. Au XXᵉ siècle, ces restaurations ont été supprimées.

La renommée de l'œuvre se fixa rapidement sous l'appellation de «Vénus de Martres», comme pour mieux répondre à la notoriété d'autres Vénus admirées de la civilisation gréco-romaine. Autorité en la matière, le comte de Clarac ne l'avait-il pas déclarée l'«une des plus belles qui existent, si même elle ne leur est pas supérieure», la comparant aux Vénus Médicis, d'Arles et de Milo, références suprêmes en cette première moitié du XIXᵉ siècle néo-classique ? Mais il fallut attendre son exposition à Paris en 1867 pour que son art fût attribué à Praxitèle (Fernand Pagès, «La Vénus de Martres», in *Revue archéologique du Midi de la France*, vol. II, 1867, p. 50-52) et quelque temps encore avant qu'elle figurât comme l'une des répliques de la célèbre Aphrodite de Cnide. Cette statue originale a disparu. Créée par Praxitèle au milieu du IVᵉ siècle av. J.-C., elle avait magnifié Cnide, ville côtière du sud-ouest de l'Asie Mineure. Sous l'Empire, Pline l'Ancien avait amplifié la réputation de l'artiste et de l'œuvre : «Sa Vénus est à la tête, je ne dis pas seulement de toute sa production, mais de celle de tous les artistes du monde» (*Histoire naturelle*, XXXVI, 20).

Les études comparatives faites au XXᵉ siècle des dizaines de répliques répertoriées de la statue que l'on considère toujours comme l'un des sommets de la création plastique du deuxième classicisme grec ont à la fois semé le doute sur l'aspect réel du chef-d'œuvre de Praxitèle et affiné l'appréciation de ses différentes copies ou variantes. Dans la hiérarchie iconographique et qualitative ainsi esquissée, la Vénus de Martres conserve une place de choix. Afin de la déterminer, il convient de revenir sur le sens de l'œuvre originale. Quiconque veut s'en faire une idée doit recourir au croisement des données descriptives des auteurs de l'Antiquité, à la silhouette maintes fois reproduite par les monnaies de Cnide et, champ d'observation tout aussi mouvant, à toutes les répliques, d'époque hellénistique ou romaine, censées nous en donner une copie plus ou moins fidèle. Debout, les jambes jointes, la droite portante, la déesse n'était enveloppée d'aucun vêtement. Cette nudité avait surpris, sinon choqué, dans un premier temps, à tel point que les gens de Cos, voisins et rivaux de ceux de Cnide, n'osèrent acheter la statue pour leur

Tête de la
Vénus
de Martres,
profil.
Chiragan,
Iᵉʳ siècle?
Inv. 30328

temple. Ils la cédèrent aux Cnidiens, que l'on a dit plus audacieux en art mais qui, plutôt, semblent l'avoir substituée à une effigie cultuelle déjà nue, de tradition orientale, où dominait le concept de fécondité. D'ailleurs, ceux-ci, afin que l'œuvre, rapidement admirée, ne cachât aucune de ses beautés, l'installèrent dans la *cella** largement ouverte d'un petit temple circulaire élevé dans une enceinte sacrée plantée de myrtes, de cyprès, de platanes et de vigne. De son bras droit, Aphrodite esquissait un geste, sans doute de pudeur, saisissant ou laissant choir au même instant de sa main gauche une étoffe au-dessus d'une hydrie d'airain. La présence de ce récipient indique sans ambiguïté la toilette d'Aphrodite, dont le buste, légèrement penché en avant, l'était peut-être en direction d'une vasque. Mais la composition praxitélienne allait sans doute au-delà d'une simple scène de genre montrant Aphrodite surprise au bain. Ces ablutions avaient probablement un caractère rituel et, derrière une attitude et une nudité rares dans la sculpture grecque du milieu du IVe siècle av. J.-C., Praxitèle avait insufflé autre chose. Cela, le visage de la déesse, autant que la délicatesse des gestes et l'équilibre du corps, l'exprimait avec une force surnaturelle qui fascinait tous ceux qui firent, pour cette Aphrodite, le voyage de Cnide. Se remémorant que Platon vivait dans le même univers grec que Praxitèle, Charles Picard percevait dans les créations du sculpteur « des idées de la Caverne, des apparitions d'entités à forme délicieusement humanisée » que nul n'aurait pu rencontrer à la surface de la terre (*Manuel d'archéologie grecque. La sculpture*, III : Période classique - IVe siècle, Paris, 1948, p. 512). Ainsi, en admettant que Phryné, la compagne de Praxitèle, ait servi de modèle pour l'Aphrodite de Cnide, le travail si extraordinaire du marbre accompli par l'artiste l'aurait en quelque sorte transfigurée en une « magnifique épiphanie de chair vive et frémissante » (Charles Picard, *op. cit.*, p. 561).

Une part de ce mystère imprègne encore les plus belles répliques parvenues jusqu'à nous. La tête de Martres, projetée vers l'avant, vient nous rappeler la douce inclinaison de la Vénus cnidienne. Son chignon haut placé dégage la gracieuse ligne arrière d'un cou qui laisse imaginer la rondeur du dos. Il rassemble les longues mèches ondulées d'une chevelure divisée par une raie médiane et qu'une double bandelette lisse enserre, décrivant deux lignes parallèles autour du crâne. Tout est déjà courbes et, d'un ample ovale, le visage s'accorde avec ces bandeaux dont la déesse est comme auréolée. Au flou des cheveux, à peine distingués de la masse de marbre, s'oppose la netteté du visage, régulièrement dessiné (si l'on excepte une légère dissymétrie des yeux), soigneusement modelé, puis poli

Tête de la Vénus de Martres,
face.
Chiragan,
Ier siècle?
Inv. 30328

avec autant de finesse. Cet équilibre, essence du classicisme, est parfois poussé jusqu'à une extrême rigueur – sinon froideur et détachement – dans certaines répliques. La tête Borghèse du Louvre et la Vénus Colonna du Vatican, jugées par la plupart des historiens de l'art plus proches du travail de Praxitèle, sont à la limite de ce type d'expression. Au contraire, comme la tête Kaufmann exposée au Louvre, la Vénus de Martres voit ses traits subtilement estompés. Un épiderme animé et des lèvres charnues la rendent plus sensuelle. Elle paraît plus humaine, mais ne l'est point tout à fait : le sacré est toujours présent, même si l'expression distante glisse vers la rêverie et la tendresse. Mais là s'arrête notre intelligence du sujet : le secret de l'œuvre originale, de ses copies et des nombreuses sculptures qu'elle a inspirées demeure difficile à percer. Aujourd'hui, la tête Kaufmann est souvent donnée à voir comme une Aphrodite de Cnide réinterprétée à l'époque hellénistique. Découverte à Tralles, en Asie Mineure, elle est datée du IIe siècle av. J.-C. (A. Pasquier, *La Vénus de Milo et les Aphrodites du Louvre*, Paris, Réunion des musées nationaux, 1985, p. 58-59). La Vénus de Martres en est bien proche, mais sa datation n'a pu être établie avec certitude. Frappé par sa qualité, Fabrizio Slavazzi (*Italia verius quam provincia. Diffusione e funzioni delle copie di sculture greche nella Gallia Narbonensis*, Pérouse, Edizioni Scientifiche Italiane, 1996, p. 186-187) a suggéré le milieu du Ier siècle de notre ère et un atelier actif dans la partie orientale de l'Empire. La commande serait donc d'époque impériale. Vint-elle de Chiragan ou cette œuvre ne fut-elle acquise pour ce lieu que bien après sa réalisation ?

UNE RÉPLIQUE
DE L'ATHÉNA DE MYRON

Le goût de l'élite romaine pour les chefs-d'œuvre de la sculpture a également laissé à Chiragan une Athéna souvent citée comme l'une des copies les plus remarquables d'une statue en bronze créée par Myron vers le milieu du Ve siècle av. J.-C. Ce sculpteur l'avait conçue en même temps qu'une autre, du silène Marsyas, les deux composant un duo théâtral inspiré de l'orchestique grecque. L'argument qui les associait et les opposait à la fois était tiré de l'un des épisodes du mythe de la déesse, qui relatait son invention de la double-flûte. Le souffle nécessaire au fonctionnement de cet instrument à vent gonflant disgra-

cieusement ses joues, Athéna l'avait jeté au sol. Ayant entendu son attrayante musique, Marsyas, fasciné, s'était approché, avait admiré la curieuse flûte avec convoitise, puis s'en était emparé, bravant les menaces de la déesse. Plein de l'enthousiasme des silènes prompts aux joyeuses danses dionysiaques, fier d'avoir dérobé cette double-flûte dont il apprit à jouer, Marsyas osait défier, en une joute musicale, Apollon dont la lyre avait la réputation de produire les plus beaux sons du monde. Courroucé par cet affront et ayant démontré à cet être bestial qu'il demeurait le maître incontesté de l'harmonie, Apollon lui infligeait alors une terrible punition en l'écorchant vif.

Seul un instant fugitif de cette histoire fut choisi par Myron, qui exploita l'idée d'un affrontement entre la déesse de l'intelligence, de la raison et de l'équilibre, d'une part, et l'animalité, l'instinct aveugle et désordonné de Marsyas d'autre part. S'agissait-il d'une allégorie politique vantant la supériorité des Athéniens sur les Perses, ou encore de l'expression, dans un monument officiel, du rejet des débordements du culte dionysiaque dont la double-flûte symbolisait les danses orgiaques ? Ainsi s'expliquerait-on mieux que Pausanias ait vu au IIe siècle ap. J.-C. un groupe statuaire qui montrait Athéna frappant Marsyas sur l'Acropole d'Athènes. Mais était-ce celui de Myron ?

À Chiragan, on n'a pas retrouvé le moindre fragment qui laisse supposer qu'une réplique du Marsyas de Myron – dont le plus bel exemplaire est au Museo gregoriano profano du Vatican – était à côté de celle de son Athéna. La conformité générale de cette dernière réplique avec les autres connues (Liebieghaus de Francfort pour la plus complète, Louvre, Prado, collection Lancelotti à Rome) permet de reconnaître, même s'il a été quelque peu modifié par le copiste, l'art de Myron. Il s'agit d'une Athéna classique, de style sévère, à la stabilité saisissante, servie par une organisation rigoureuse des plis du péplos*. Par rapport à d'autres copies, le travail de la draperie atteint ici une variété et une richesse qu'il faut noter. Athéna est en appui sur sa jambe droite ; de ce côté apparaissent les attaches de la lance qu'elle tenait du bras droit, dans sa majeure partie disparu. Sa frontalité est modérée par l'esquisse d'un recul, traduit par une légère flexion et un glissement vers la droite du spectateur – c'est-à-dire vers Marsyas – de la jambe gauche. Surprise par le silène, qui bondissait derrière elle, Athéna se retournait pour lui intimer, de son bras gauche tendu vers le bas, l'ordre de s'éloigner et de ne pas toucher aux flûtes restées à terre. Le caractère impérieux de Minerve était souligné par une tête casquée qui se retournait vigoureusement, comme sur la statue de Francfort. La torsion du cou est perceptible sur

Réplique
de l'Athéna de Myron.
Chiragan,
IIe siècle?
Inv. 30339

celle du musée Saint-Raymond, malgré la perte de la tête. À l'arrière de celui-ci subsiste un renfort qui, selon Fabrizio Slavazzi, signerait la copie, car il apparaît sur des sculptures trouvées dans des villes côtières de Pamphylie (Asie Mineure). La statue de Chiragan, peut-être réalisée au IIe siècle, proviendrait donc de cette région lointaine, où l'activité des sculpteurs était alors de grande ampleur, profitant de la paix et de la prospérité générale de l'Empire romain.

UNE PROFUSION DE STATUETTES
ET DE PETITS RELIEFS

Le goût pour les sculptures de petites dimensions est attesté à Chiragan par quelques œuvres plus ou moins complètes et une multitude de morceaux qui ne sont pas tous exposés mais prouvent l'existence d'une quantité d'œuvres d'art que l'on a peine à imaginer. La *pars urbana* se prêtait, avec ses portiques, cours et jardins, ses nombreuses pièces plaquées de marbres, peintes, stuquées et probablement dotées de niches, à la disposition d'œuvres de ce type.

L'Athéna du type Velletri

Elle correspond à la faveur manifestée par les Romains pour les répliques en réduction des grandes œuvres d'art. Ainsi transposait-on dans le cercle domestique ou les espaces plus intimes des bâtiments publics (petites salles des thermes par exemple) les monumentales représentations des dieux initialement commandées pour des temples. Le phénomène traduit l'omniprésence des dieux, placés dans des lieux où leurs images ne servent plus nécessairement un culte, mais témoignent plutôt de l'univers culturel et artistique légué par la Grèce dans lequel évoluent les citoyens romains. Cette statuette reproduit une grande statue en bronze d'Athéna fondue dans la seconde moitié du Ve siècle av. J.-C. et souvent attribuée au sculpteur grec Crésilas, disciple du célèbre Phidias. Cet original, qui dérivait lui-même de la statue colossale de la déesse qui se dressait à l'intérieur du Parthénon, a disparu. Sa réplique la plus connue est la fameuse Pallas de Velletri, aujourd'hui au musée du Louvre. Du bronze d'origine, la statuette de Chiragan a gardé la fluidité d'un

Athéna du type Velletri.
Chiragan,
IIe siècle.
Inv. 30340

Hercule au repos.
Chiragan,
IIe ou IIIe siècle.
Inv. 30342

péplos* et d'un manteau finement plissés en un savant jeu de draperie sur lequel brille et vibre la lumière. Grâce aux autres répliques, il est possible d'imaginer la tête casquée, la lance tenue de la main droite et la figurine de Victoire ailée présentée de la gauche. L'égide, une peau de serpent ourlée de têtes de reptiles et timbrée du visage de Méduse, signe d'invincibilité, permet de reconnaître la déesse malgré les parties manquantes. Parmi les répliques de cette taille, il s'agit de la plus belle. Elle fut probablement sculptée vers le milieu du IIe siècle de notre ère pour un amateur d'art raffiné.

Esculape.
Chiragan,
Haut-Empire.
Inv. 30311

Hercule au repos

La statuette d'Hercule au repos, appuyé sur sa massue et sa léonté*, dont la constitution athlétique et l'anatomie sont remarquables, est flattée par un beau poli. Elle dérive d'un type sans doute originaire d'Asie Mineure dont le fameux Hercule Farnèse des thermes de Caracalla (aujourd'hui au musée archéologique national de Naples) est probablement la copie la plus fidèle. L'art du sculpteur grec Lysippe est sous-jacent : il a inspiré quantité d'œuvres de ce genre dont le succès ne s'est jamais démenti.

Esculape

Cette version en pied du dieu Esculape, déjà présent à Chiragan dans l'un des médaillons, est une excellente réplique d'une variante hellénistique d'un original grec du Ve siècle av. J.-C. On appréciera la complexité du jeu de draperie qui dévoile le torse. La qualité du marbre – sans doute de la Méditerranée orientale – répond à celle de l'œuvre.

Un vieux pêcheur africain

D'une assez belle venue, bien que souffrant d'une facture moins achevée, est cette statuette taillée dans un marbre noir veiné qui met en scène un vieux pêcheur africain. Elle se place dans le courant réaliste de la sculpture hellénistique d'Alexandrie. Il s'agit de la réplique d'une œuvre également connue par les meilleurs exemplaires du Vatican et du Louvre.

Vieux pêcheur africain.
Chiragan,
Haut-Empire.
Inv. 30316

Bacchus adolescent

Dans la veine des œuvres de Praxitèle s'inscrit une sinueuse statuette de Bacchus adolescent. Sa tête efféminée, dont les longues mèches de cheveux tire-bouchonnées glissent sur la poitrine, est ceinte d'un bandeau et d'une tresse de lierre. Contre sa joue gauche est un pampre né du cep de vigne qui sert de support. Cette tête fut longtemps prise pour celle d'Ariane, jusqu'à ce que Paul Mesplé, en 1948, la rendît à son corps : les deux morceaux étaient précédemment inventoriés séparément dans le musée. L'extraordinaire ductilité de la figure, encore assouplie par un modelé poussé dans un marbre au grain très fin, en fait l'une des meilleures œuvres d'art découvertes à Chiragan. Plus que l'ivresse légendaire du dieu du vin, qui explique peut-être l'instabilité de ce corps alangui, accoudé, aux bras projetés assez loin – les mains portaient probablement un canthare et des raisins –, c'est un sourire énigmatique qu'exprime le visage presque intact du dieu. Les pupilles profondément percées accentuent la fascination exercée par le regard.

Bacchus adolescent.
Chiragan,
IIe ou IIIe siècle.
Inv. 30348

Morceau d'un relief:
dieu-fleuve.
Chiragan,
IIe ou IIIe siècle.
Inv. 30356

Femme voilée:
Déméter?
Chiragan,
IIe ou IIIe siècle.
Inv. 30355

Tête de Minerve casquée.
Chiragan,
Haut-Empire.
Inv. 30360

Tête d'Ariane
ou d'une bacchante
Chiragan
IIᵉ ou IIIᵉ siècle
Inv. 30349

Morceaux choisis et très petits sujets

Sont aussi exposés quelques morceaux et sujets sculptés de faibles dimensions. Pour les reliefs, on notera deux dieux-fleuves, dont l'un logé dans l'anfractuosité d'un rocher dominé par un aigle, ou la jolie scène presque complète montrant le repos de deux faunes dans un paysage rocheux planté d'un pin. Mais aussi une mystérieuse femme voilée, assise sur un rocher et penchée vers une draperie qui semble envelopper un enfant: serait-ce Déméter prenant soin du petit Démophoron ou une scène de la naissance de Dionysos?

Plusieurs statuettes sont connues par des têtes de valeur inégale. La plus délicate est celle d'une Minerve dont le casque à cimier est creusé d'un bandeau qui reçut probablement une pièce décorative métallique. Deux sont à rapprocher, par leur facture, de la statuette de Bacchus vue précédemment: une Ariane ou bacchante dont la chevelure se mêle à des pampres et un jeune homme

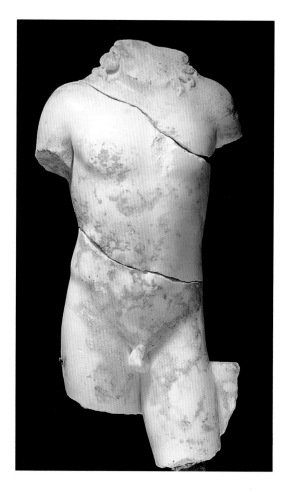

Éros du
type Centocelle.
Chiragan,
Haut-Empire.
Inv. 30370

Deux captives
aux pieds
d'un vainqueur.
Chiragan,
époque romaine.
Inv. 30338

Ariane à Naxos.
Chiragan,
fin de l'Antiquité.
Inv. 30350

indéterminé au visage semble-t-il saisi d'effroi. Une tête de jeune satyre couronnée de pin, à la physionomie déformée par le rire, est d'un faire plus large.

Une statuette mutilée, sans tête, est une copie d'une œuvre grecque connue par une réplique plus célèbre : l'Éros de Centocelle (au Vatican), dont l'original est attribué à Praxitèle. Une autre, également acéphale, est une figuration classique de la déesse Hygie.

Deux petits groupes sculptés sont assez lisibles malgré leurs lacunes. Le premier, érotique, montre les ébats d'un satyre et d'Hermaphrodite. Le second, d'un grand intérêt, représentait probablement un général ou un empereur victorieux. À ses pieds sont agenouillées deux captives (allégories de contrées conquises ?). Celle qui est à sa droite était fermement tenue par la main d'une Victoire ou de Minerve placée derrière elle. Enfin, charmante est l'évocation d'une Ariane endormie ou s'éveillant sur la plage de Naxos où Thésée l'avait abandonnée.

Relief: le rapt de Proserpine.
Chiragan,
Haut-Empire.
Inv. 30358

Le rapt de Proserpine

Entre 1897 et 1899, Léon Joulin eut le bonheur de découvrir, brisé en plusieurs morceaux, un remarquable petit relief néo-attique, datable du Haut-Empire, qui met en scène le rapt de Perséphone-Koré-Proserpine par Hadès-Pluton. Il s'agit de l'un des grands mythes de l'ancienne Grèce, sur lequel se fondaient les mystères d'Éleusis, dont les liturgies étaient encore bien vivantes sous l'Empire romain. On peut le résumer comme suit. Alors que la jeune Perséphone, fille de Déméter et de Zeus, cueille un narcisse dans la campagne, une grande crevasse s'ouvre dans la terre. En surgit un quadrige mené à vive allure par Hadès. Épris de Perséphone, le dieu des Enfers s'empare d'elle. Ayant connaissance de ce malheur, désespérée, Déméter part à la recherche de sa fille. Elle apprend du soleil, seul témoin du drame, qu'Hadès est le ravisseur. Aphrodite lui a inspiré cet amour coupable, Zeus a donné son consentement et Hermès a apporté son aide. Afin de se venger des quatre dieux complices, Déméter abandonne l'Olympe et empêche la pousse de toute plante, rendant ainsi la terre stérile. Pour que le sol retrouve sa fertilité, Perséphone est contrainte de partager son existence entre Hadès et Déméter : elle doit résider une partie de l'année aux Enfers et l'autre sur la terre. Le retour annuel de Perséphone se traduit par la renaissance de la végétation, tout particulièrement la germination des céréales (semées par Triptolème, le héros d'Éleusis protégé de Déméter) : c'est donc la prospérité des champs, garante d'une bonne alimentation et de la vie. L'enlèvement de Perséphone et son séjour aux Enfers sont au contraire une allégorie de la mort.

Le tableau de Chiragan montre le quadrige conduit par un amour ailé qui, responsable des sentiments d'Hadès, l'est aussi de toute l'action qui en découle. Deux autres amours volent dans les airs, l'un d'eux tenant une couronne de victoire au-dessus d'Hadès. Se retournant brusquement, ce dernier tient d'une main l'amour cocher et porte Perséphone sur ses épaules. Celle-ci se débat vigoureusement, vêtement et chevelure au vent, poussant un grand cri qui alerte l'univers. L'une de ses compagnes – peut-être sa demi-sœur Artémis – est surprise, accroupie devant un vase. Son autre demi-sœur, Athéna, portant casque, lance et bouclier, s'affronte à Hermès, qui indique la route des Enfers. Une troisième femme, nymphe, déesse ou simple amie de Perséphone, tente de trancher de son glaive les rênes de l'attelage. À ce moment précis, la course est perturbée par l'attaque d'un grand serpent, symbole chtonien, qui effraie et cabre les noirs et immortels chevaux. À travers cette image aux multiples actions simultanées, les forces de la nature et les dieux sont en conflit. Le mouvement des draperies, tantôt moulées sur le corps, tantôt flottantes, les rythmes saccadés, concourent à l'animation extrême d'un relief dont tous les détails accentuent aussi la qualité.

Morceau d'un relief : philosophes ? Chiragan, IIe ou IIIe siècle. Inv. 30343 et 30152

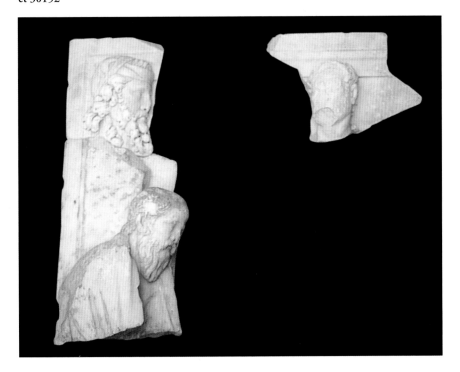

Une assemblée de philosophes ?

Un dernier relief, de dimension moyenne, dont ne subsistent que la partie gauche et peut-être un autre fragment, pose plus de questions qu'il n'est possible d'en résoudre. Antoine Hermary a récemment proposé de reconnaître Dionysos, figuré à la manière du philosophe Pythagore, dans l'hermès* qui remplit son angle supérieur gauche. Sous ce dernier, un second personnage, peut-être Socrate, semble méditer, la tête appuyée sur sa main gauche. Le fragment isolé pourrait correspondre à un autre philosophe ou savant. Mais le sens de l'ensemble de la scène, dont trop d'éléments manquent, nous échappe.

LA GALERIE DES EMPEREURS

Les différentes campagnes de fouilles opérées à Chiragan ont livré à la curiosité et à l'étude un ensemble exceptionnel de portraits romains. Dès les premières découvertes, entre 1826 et 1830, Alexandre du Mège chercha à identifier des personnages qu'il supposait célèbres. Reconnaissant immédiatement un certain nombre d'empereurs, comme Auguste, Trajan, Antonin le Pieux et Marc Aurèle, il voulut pousser le plus loin possible ses identifications, pensant qu'à Chiragan avait existé une sorte de galerie qui réunissait quasiment tous les portraits des empereurs des trois premiers siècles de l'Empire. Ainsi, auprès des plus réputés, dont l'image était perçue sans aucune difficulté, plaça-t-il des portraits pour lesquels la désignation était plus hasardeuse, voire donnée dès le début comme hypothétique. De cette façon, il constitua dans le musée de Toulouse une première «Galerie des Empereurs» qui, rangée dans l'ordre chronologique de la succession des dirigeants de l'Empire, acquit une grande notoriété. Les fouilles de 1890-1891 et 1897-1899 augmentèrent de façon sensible ce noyau primitif de la galerie, à laquelle avaient aussi été agrégés des portraits ne provenant pas de Martres. Pendant plus d'un siècle, le musée de Toulouse modifia sa présentation, reprit la rédaction des cartels et des catalogues, sans apporter toujours à ces actions la rigueur nécessaire qui eût permis de suivre sans incertitude les œuvres depuis leur découverte et leur acquisition jusqu'à leur inventaire le plus récent établi entre 1946 et 1950 par Robert Mesuret. Ces variations ont engendré des confusions qu'il faut aujourd'hui comprendre et corriger afin de certifier la bonne provenance de tous ces portraits. C'est pourquoi l'on ne s'étonnera pas, en visitant la galerie nouvellement consacrée à Chiragan, de n'y pas retrouver toutes les œuvres répertoriées et photographiées par Léon Joulin dans *Les établissements gallo-romains de la plaine de Martres Tolosane*: plusieurs ne proviennent pas de la villa (leurs origines ont dans certains cas été établies) ou, chose plus irritante, ne peuvent être assurément attribuées à ce site.

Chiragan permet tout de même d'exposer plusieurs dizaines d'œuvres très représentatives de l'histoire du portrait romain, impérial comme privé. Différencier ces deux catégories, c'est d'abord rappeler que les critères d'identification iconographique sont loin d'être tous évidents et que beaucoup de portraits dits impériaux sont parfois sérieusement mis en doute. Le récent catalogue de ceux des musées du Capitole (Klaus Fittschen, Paul Zanker,

Katalog der römischen Porträts in den Capitolinischen Museen und den anderen Kommunalen Sammlungen der Stadt Rom, Mayence, tome I: 1985, tome III: 1983) a renvoyé dans la sphère des «inconnus» quantité de visages que l'on crut longtemps pouvoir nommer sans le moindre doute. Cette révision, aujourd'hui généralisée à toutes les collections de portraits romains, ne laisse évidemment pas de côté les séries du musée Saint-Raymond, et de nombreux chercheurs se sont penchés sur plusieurs de ces sculptures en en précisant la connaissance.

Les Julio-Claudiens

Le visiteur découvrira, au début de la galerie, un premier groupe d'œuvres. Il s'organise autour d'un buste d'Auguste, réplique d'un prototype qui avait fixé, à Rome, l'une des images officielles du fondateur de l'Empire portant la couronne civique. Formée de rameaux de chêne, celle-ci avait été solennellement décernée, en 27 av. J.-C., par le Sénat au nouveau maître de l'État romain. Le visage, impassible, comme sur la fameuse statue de Prima Porta exposée au Vatican, exprime autant l'assurance et la sérénité d'un pouvoir extraordinaire que la réalité des traits d'un homme au destin exceptionnel. Sur tous les portraits d'Auguste – on en compte encore aujourd'hui environ deux cents –, une idéologie veilla, tout au long du règne et même bien après, au respect scrupuleux d'une image qui, malgré l'avancement en âge de l'empereur, conserva une sorte d'éternelle jeunesse. À proximité sont présentées trois têtes, diversement brisées et incomplètes, qui peut-être constituaient déjà avec le buste d'Auguste un ensemble dans leur disposition d'origine à Chiragan. La première (dont l'origine martraise reste à assurer) est un portrait d'Antonia Minor, nièce d'Auguste, dont la chevelure est retenue par une bandelette qui évoque sa fonction de prêtresse. La deuxième est celui d'un jeune prince julio-claudien en qui l'on a vu Agrippa Postumus. Le contraste entre une volumineuse chevelure à frange proéminente, aux nombreuses mèches aplaties, et la face délicatement modelée en fait une œuvre singulière, proche d'un beau buste des musées du Capitole tout aussi incertainement identifiable (Marcellus?). Enfin est un portrait, également couronné de chêne, de Tibère, le successeur d'Auguste, dont les traits alourdis indiquent la fin du règne. Il est intéressant de comparer, au sein du musée, ces quatre œuvres de la période julio-claudienne avec les personnages correspondants du groupe de Béziers, qui nous en propose des types différents, chronologiquement antérieurs.

Buste d'Auguste
couronné de chêne.
Chiragan,
dernier quart
du Ier siècle av. J.-C.
ou début du Ier siècle ap. J.-C.
Inv. 30101

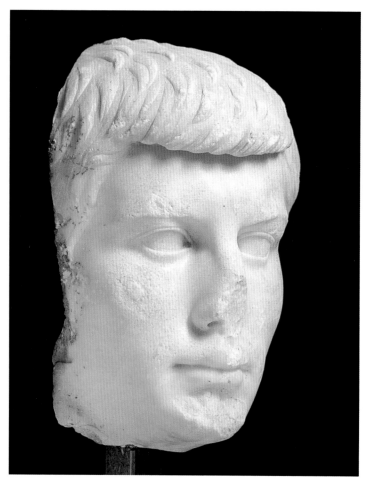

Tête d'un jeune
prince julio-claudien.
Chiragan.
Inv. 30160

Tête de Tibère âgé.
Chiragan,
peu avant 37.
Inv. 30145

Un autre buste découpé assez haut, complet, est proche par sa facture de celui d'Auguste, ce qui est probablement le signe d'une date de réalisation voisine. Il s'agit d'un superbe portrait, où François Salviat a reconnu Jules César, mais qui n'est peut-être que celui d'un inconnu représenté selon des principes de réalisme, d'austérité et de gravité qui révèlent un attachement aux valeurs de la République romaine. Au début de la longue série des portraits de Chiragan, le face-à-face de ce visage et de celui d'Auguste manifeste le passage de l'art ancien des patriciens de la Rome républicaine vers la nouvelle iconographie impériale, désormais chargée d'un message politique universel. Les deux tendances ont cohabité un certain temps à Rome.

Les Antonins

Il faut faire un bond de presque un siècle pour trouver un nouveau portrait à Chiragan. Aucun portrait des successeurs de Tibère sur le trône impérial jusqu'à Trajan n'y est apparu, ni d'ailleurs d'inconnu qui se puisse situer dans ce long intermède. Cela revient-il à dire qu'aucun portrait officiel n'est arrivé à Chiragan sous les derniers Julio-Claudiens et les Flaviens? Doit-on penser qu'une première villa bâtie sous Auguste fut ensuite désertée et ne reprit vie, avec une reconstruction d'une plus grande ampleur, que sous les Antonins grâce à l'enrichissement considérable de l'Empire? Le règne du premier d'entre eux, l'*Optimus princeps*, le très aimé Trajan, empereur de

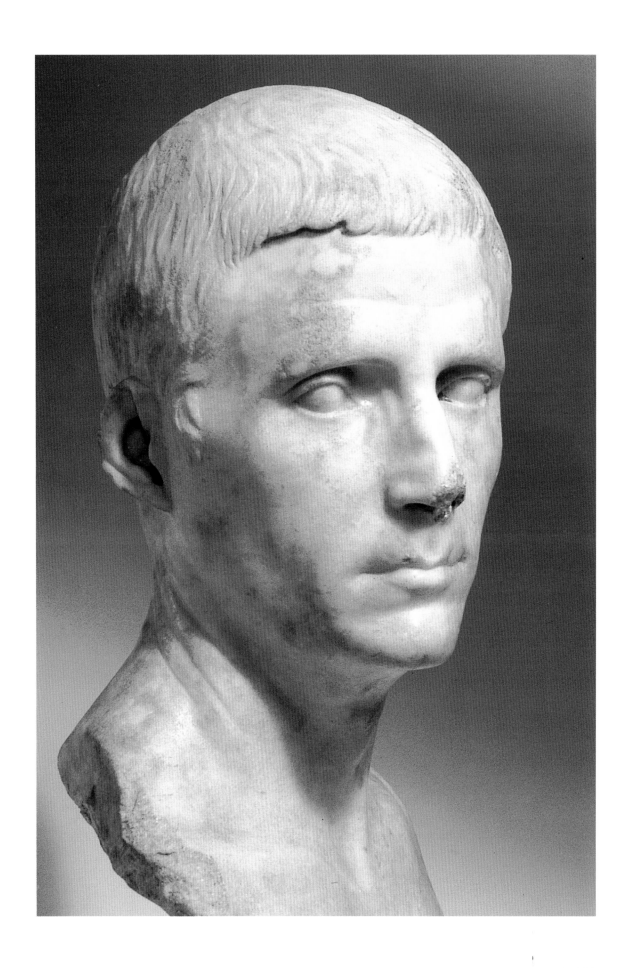

Buste d'un inconnu.
Chiragan,
époque augustéenne.
Inv. 30168

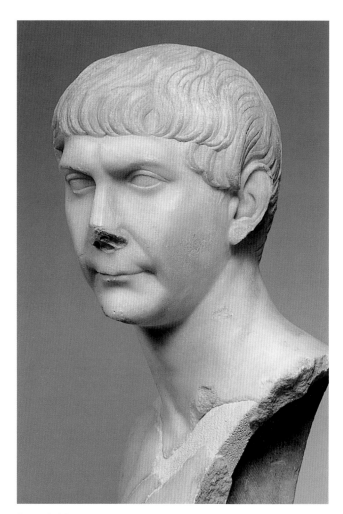

envier au buste plus complet et plus connu des musées du Capitole qui appartient au même type : les deux sont des répliques d'une image mère originale composée à la gloire de Trajan et qui, comme toutes celles de ses prédécesseurs et successeurs, incarne aussi la stabilité d'un système de gouvernement.

Dans la suite immédiate se placent deux très beaux bustes de jeunes hommes inconnus dont les têtes, admirablement traitées, sont tournées de trois quarts au-dessus d'une large poitrine nue. Dès leur découverte, en 1826-1830, Du Mège les avait fort justement associés : ils paraissent en effet former une paire et diriger leurs regards l'un vers l'autre. Sur le premier se lit une sorte de mimétisme vis-à-vis des images de Trajan, à tel point que Léon Joulin y avait reconnu cet empereur dans sa jeunesse. En fait,

Buste de Trajan.
Chiragan,
vers 110.
Inv. 30154

98 à 117, se traduit à Chiragan par quatre de ses portraits, dont deux seulement, en raison de leur meilleur état de conservation, sont exposés. Le premier, contemporain de la célèbre colonne Trajane à Rome (110-113), est un grand buste à la nudité héroïque. Il montre le visage énergique et volontaire du conquérant (qui donna à l'Empire sa plus grande extension territoriale) tel que la propagande officielle le fixa en 108 lors du dixième anniversaire de son accession au pouvoir. On remarquera l'ordonnance de la chevelure, avec des mèches en forme de pince au-dessus de l'œil gauche et une autre, rebelle, qui se retourne au-dessus de celles qui couvrent la tempe droite. Le second, où se lit toujours la force morale peu commune du chef de l'État, se teinte d'un certain pathétique qui semble déjà l'introduire dans sa légende : l'œuvre appartient à la fin du règne. Par sa qualité, elle n'a rien à

Buste d'un jeune garçon.
Chiragan,
deuxième quart du IIᵉ siècle.
Inv. 30162

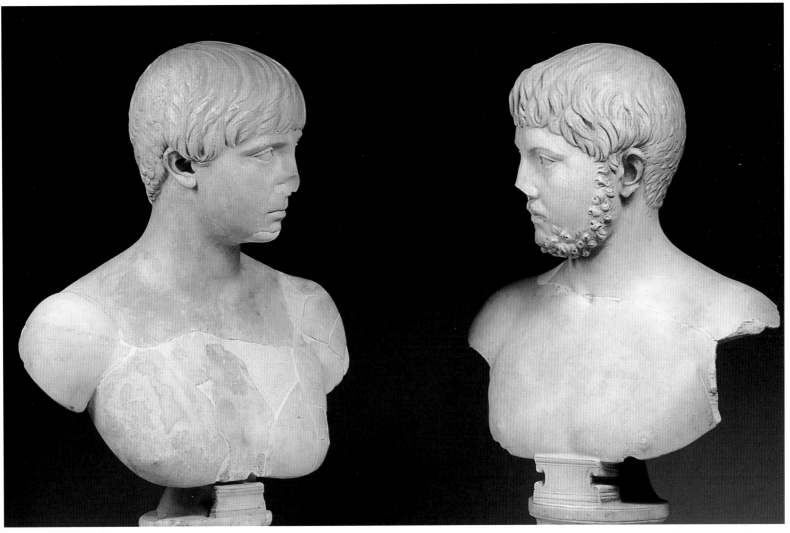

**Bustes héroïsés
de jeunes hommes.
Chiragan,
fin du règne de Trajan
ou début du règne d'Hadrien.
Inv. 30173 et 30122**

l'omniprésence des portraits impériaux dans les lieux publics et privés incitait, au sein de la famille impériale, dans les cercles rapprochés du pouvoir et dans les familles aristocratiques, à se faire représenter dans la ressemblance avec l'empereur. Ici, le visage imberbe, idéalisé, est tout en rondeur, et l'on appréciera la fluidité ondoyante des longues mèches de cheveux qui retombent en une frange très basse sur le front. Le second personnage paraît être son frère tant la matière et le chevauchement des cheveux, avec toutefois un plus important gonflement, sont proches. Assurément, un même sculpteur a taillé les deux œuvres. Mais, là, une barbe à petites boucles naissantes et une fine moustache encadrent un visage plus large. Celui d'Hadrien jeune, tel qu'il a été sculpté en 114 sur l'arc de triomphe de Bénévent, vient à l'esprit, avec ce même décollement des oreilles. Mimétisme encore? Climat romantique aussi. Ce magnifique duo de marbre se situe

Buste de l'impératrice Sabine.
Chiragan,
vers 120-130.
Inv. 30133

Tête d'Antonin le Pieux.
Chiragan.
Inv. 30106

à la charnière des règnes de Trajan et d'Hadrien, à la fin du premier ou au début de l'autre. Sculpté sans doute un peu plus tard, un joli buste de jeune garçon s'intègre dans la même mouvance. Un grand éclat a malencontreusement fait disparaître presque tout son front et la partie antérieure de sa chevelure. Creusées au trépan, les mèches désordonnées traduisent la vivacité juvénile et contrastent avec la sévère rêverie qui imprègne ce doux visage.

À défaut d'un buste de l'empereur Hadrien, qui régna de 117 à 138, dont l'image fut probablement présente en ce lieu, Chiragan a donné celui de son épouse Sabine, hélas brisé et usé. Figurée plus jeune qu'elle n'était au moment de la diffusion de son portrait, au cours de la

première partie du principat d'Hadrien, elle est coiffée à la manière de la déesse Artémis. Derrière un diadème, de longues mèches ondées se regroupent dans une grande torsade en forme de nid avant de chuter négligemment sur la nuque.

Vient ensuite une grande tête, prévue pour être encastrée dans un buste ou une statue, d'Antonin le Pieux, empereur de 138 à 161. C'est une belle réplique du portrait créé dès l'avènement de celui qui, par sa sage administration, marqua l'apogée de l'Empire et laissa son nom à la remarquable suite des empereurs du IIe siècle. Barbue, elle reprend un type déjà adopté pour Hadrien, avec une chevelure ramenée vers l'avant et développant

Tête de Lucius Verus.
Chiragan,
161-169.
Inv. 30110

Buste
de Marc Aurèle
jeune.
Chiragan,
vers 145.
Inv. 30107

un volumineux ensemble de boucles, notamment au centre du front où il projette une sorte de pince et une petite mèche isolée caractéristiques. C'est aussi le dernier visage impérial de Chiragan dont les yeux sont lisses, conformément à une pratique constante depuis Auguste.

Antonin avait prévu sa succession de longue date en faisant largement diffuser à travers l'Empire l'effigie du César Marc Aurèle. Cela valut à Chiragan l'un de ses plus beaux bustes, élaboré vers 145, l'année de son mariage avec Faustine la Jeune. Il est très développé, avec un bel effet de draperie sur le manteau militaire *(paludamentum*)*, fixé par une fibule à fleur sur l'épaule droite. La moustache et la barbe, poussant maigrement, à fleur de

peau, s'opposent à une boule de cheveux gonflée et abondamment creusée de boucles vrillées. L'iris de l'œil est gravé et la pupille doublement ponctuée, ce qui, désormais, anime le regard des portraits romains. À la mort d'Antonin, en 161, Marc Aurèle partagea le pouvoir suprême avec Lucius Verus (mort en 169), dont le portrait fut à son tour multiplié et envoyé dans toutes les provinces. Sur celui de Chiragan, le sculpteur s'est acharné à dégager, à coups de trépan, une chevelure volumineuse et frisée, mais également une barbe fournie. Un buste de Marc Aurèle du type créé après la disparition de Lucius Verus a été trouvé presque intact à Chiragan. Une longue barbe y évoque le philosophe stoïcien et les cheveux,

Buste
de Marc Aurèle âgé.
Chiragan,
vers 170-180.
Inv. 30108

Buste de Commode.
Chiragan,
180-192.
Inv. 30155

chargées de produire les copies en marbre du portrait officiel de l'empereur, si elles respectaient assez scrupuleusement les traits principaux de la tête, pouvaient, en fonction du délai imparti pour l'exécution, en soigner plus ou moins les détails. De la qualité du sculpteur et de sa propre vision résultait aussi le bon, moyen ou mauvais aloi de l'ouvrage.

Les Sévères

Les troubles qui suivirent l'assassinat, le 31 décembre 192, de Commode menacèrent gravement le régime impérial, qui ne se maintint que grâce à l'énergique action militaire de l'Africain Septime Sévère. En 193, après la disparition de deux empereurs éphémères, le sage Helvius Pertinax et l'avide Didius Julianus, il reçut le pouvoir suprême des prétoriens et du Sénat, puis donna le titre de César au général Clodius Albinus pour le dissuader de prendre la pourpre. Enfin, en 194, il tua son dernier rival, Pescennius Niger. Grand maître des armées comme Trajan, il partage aussi avec cet empereur le privilège d'avoir laissé à Chiragan quatre de ses portraits sculptés (trois sont exposés). Ces deux règnes importants pour les destinées de l'Empire le furent-ils aussi pour les édifices élevés sur ce site? Il faut, certes, se méfier des seules considérations d'ordre statistique, car tous les portraits impériaux de Chiragan ne sont pas entrés au musée Saint-Raymond, mais la question mérite d'être posée. Bien qu'ayant établi un régime plus autoritaire, Septime Sévère eut le souci, afin d'en récupérer la popularité, de se situer dans la lignée des Antonins, se proclamant même dès 195-196 fils de Marc Aurèle et frère de Commode. Le premier de ses portraits, datable des années 193-195, est une tête dont la barbe et les cheveux sont criblés de trous de trépan. Il a été rapproché des portraits de Commode, ce qui montre qu'une intention de rattachement dynastique anime la propagation des premiers portraits de Septime Sévère. Le rapport avec Marc Aurèle et surtout Antonin le Pieux se lit dans le superbe buste cuirassé produit entre 195 et 201. Le troisième portrait, réalisé entre 200 et 211, cache la cuirasse sous l'ample et belle draperie du *paludamentum*. Septime Sévère y ceint la couronne civique «pour avoir sauvé l'État et augmenté la domination, le pouvoir du peuple romain», comme l'affiche la dédicace de l'arc de triomphe élevé en 203 près de la Curie. Mais l'élément le plus curieux est un groupe de quatre mèches verticales qui pend au centre du front, marque peut-être d'une sorte d'assimilation ou d'hommage au dieu Sarapis, souvent représenté avec ce même détail capillaire.

toujours aussi foisonnants, sont solidement implantés, surtout au sommet du front. La distance est grande entre ce visage grave, peut-être même douloureux en une fin de règne perturbée par les difficultés que traverse l'Empire, et celui d'une jeunesse pleine d'ambition et d'insouciance. On remarquera aussi combien la force des armes est présente, avec une cuirasse timbrée d'une Gorgone, retenue par une bretelle ornée d'un foudre, le *paludamentum* * rassemblé sur l'épaule gauche.

Comme beaucoup de bustes dégagés des décombres de Chiragan, celui de Commode a été brisé, et seule en subsiste la partie haute. S'y lit la brutalité, mêlée d'une expression un peu hautaine, du fils et successeur (en 180) de Marc Aurèle dont le parcours au sommet de l'État fut troublé par des accès de folie et de cruauté. Barbe et chevelure n'ont pas été achevées par le sculpteur, qui a également laissé le visage dans un certain flou. Les officines

Tête de Septime Sévère.
Chiragan,
vers 193-195.
Inv. 30157

Buste de Septime Sévère couronné de chêne.
Chiragan,
vers 200-211.
Inv. 30114

Buste cuirassé de Septime Sévère.
Chiragan,
vers 195-201.
Inv. 30113

En 196, Septime Sévère avait élevé son fils aîné Bassianus au titre de César en lui donnant le nouveau nom de Marc Aurèle Antonin, afin d'affirmer toujours plus la relation avec les Antonins. Il reçut plus tard celui de Caracalla, terme latin qui désignait un long vêtement, à manches et à capuchon, d'origine germanique, dont il fit en 214 une large distribution au peuple romain. En 198, il fut promu à la dignité d'Auguste. Dès lors, son portrait fut dressé en maint endroit. Chiragan nous en montre un de cette époque, sous l'aspect d'un grand buste drapé qui a perdu sa poitrine mais dont la tête est exceptionnellement bien conservée. D'excellente qualité, il est sans

doute l'un des plus proches du prototype conçu au sein de la cour impériale et connu à travers plus de quarante répliques. C'est un enfant de dix ou douze ans, robuste et plein de vitalité, aux joues charnues. Ses grands yeux, soulignés d'épais sourcils, regardent vers la droite, comme sur un autre bel exemplaire du musée du Prado. Le travail de la chevelure a fait, surtout vers l'avant, un usage intense du trépan en creusant de profonds sillons entre les mèches. Une autre tête de Caracalla, trouvée sur le même site mais mutilée, montre l'évolution vers le visage d'un adolescent dont les joues ont perdu de leur volume et se sont raffermies. L'indice capillaire est à peu près identique

Buste
de Caracalla enfant.
Chiragan,
vers 198.
Inv. 30156

Tête de Geta enfant.
Chiragan,
vers 200.
Inv. 30109

sur le front mais, latéralement, les mèches, plus pointues et moins bouclées, sont plaquées sur le haut de la joue. C'est du premier de ces portraits que l'on rapprochera une fort belle tête de Geta, le jeune frère de Caracalla, où la physionomie affirme le lien de parenté. Cependant, on notera combien est différente la sculpture de la chevelure. Ici, à l'ajourement au trépan se substitue la gravure à la pointe de fins sillons qui suivent, assouplissent même, les grosses mèches. La tête a été montée au XIXᵉ siècle sur un buste drapé à franges dont la proportion ne correspond pas; la comparaison avec le premier portrait de Caracalla nous en convainc. Ces douces images des deux enfants impériaux ne laissent guère présager le drame qui sépara à tout jamais leurs destins. En 211, à la mort de leur père, Caracalla et Geta régnèrent ensemble mais, l'année suivante, le premier assassina le second et monopolisa le pouvoir.

À la fin du IIᵉ siècle ou au début du suivant appartient aussi une tête d'adolescent, peut-être celle d'un jeune prince. On en connaît un autre exemplaire, identifié sans aucune certitude avec l'un des fils de Pertinax, à Rome, dans la collection des musées du Capitole.

Tête de femme.
Chiragan?
Vers 140-150.
Inv. 30135

De nombreux portraits des IIᵉ et IIIᵉ siècles sans identité

Pour les règnes des Antonins et des Sévères, dix-sept portraits impériaux ont donc pu être identifiés en toute certitude à Chiragan. Mais, autour d'eux, pour cette même période, viennent encore se grouper de nombreux portraits anonymes.

Trois sont féminins et doivent être situés sous le règne d'Antonin le Pieux, autour des années 140 et 150, en raison de leur coiffure, une haute toque formée de l'enroulement de tresses de cheveux, mise à la mode par Faustine l'Ancienne, l'épouse de cet empereur. Mais on ne peut certifier, dans l'état actuel de notre documentation, que les trois ont été découverts à Chiragan. Cette provenance

Tête d'un adolescent.
Chiragan,
fin du IIᵉ ou début du IIIᵉ siècle.
Inv. 30116

Buste d'une
jeune femme.
Chiragan,
vers 140-150.
Inv. 30134

Buste d'un militaire
«philosophe».
Chiragan,
fin du IIe ou début
du IIIe siècle.
Inv. 30118

Portrait d'homme
sur un buste en marbre
Pavonazzetto.
Chiragan,
seconde moitié du IIe siècle.
Inv. 30159

Buste cuirassé d'un militaire inconnu.
Chiragan,
seconde moitié du IIe siècle.
Inv. 30125

Aux dernières décennies du IIe siècle et aux premières du suivant appartiennent plusieurs bustes masculins qui, pour la plupart, révèlent des caractères plus accusés que ceux des empereurs vus précédemment. Ainsi en est-il d'un buste d'un personnage âgé dont la nudité est dévoilée par le glissement d'un manteau simplement retenu par une fibule sur l'épaule gauche. Ridé, les dépressions orbitales bien creuses, le bas des joues s'affaissant en formant un épais repli, il se distingue par une calvitie qui laisse subsister latéralement deux masses de cheveux frisées et forées d'une multitude de trous. D'un puissant réalisme, l'image s'inspire des représentations de philosophes si prisées du temps de Marc Aurèle. Il s'agit sans doute d'un homme connu, sinon célèbre en son temps, car on en retrouve probablement le portrait sur un buste militaire conservé au musée Bardini de Florence. À Chiragan, il peut être couplé, en raison de l'aspect général des traits et de la facture, avec une autre tête à la calvitie naissante. Doivent aussi être replacés dans cette période quatre bustes militaires dont on appréciera le noble maintien, rendu par un port altier de la tête, toujours légèrement tournée, et les variations artistiques des plis des manteaux. Le premier joue de la polychromie d'un marbre Pavonazzetto. Sa tête, comme cela était prévu dès l'origine, est rapportée dans une cuvette creusée dans le buste pour son encastrement. Ce montage a été fait au musée au début du siècle en utilisant deux pièces découvertes séparément, l'une en 1890-1891, l'autre en 1897-1899. La correspondance n'est pas certaine, mais l'on sait que, dans l'Antiquité, sur ce type de buste, les têtes étaient interchangeables au gré des célébrités montantes ou descendantes. Inopportunément jaunie par un ancien nettoyage à l'acide (afin de lui enlever les concrétions calcaires déposées au cours de son long séjour sous terre), la tête-portrait est bien conservée. L'expression équilibrée, le regard dirigé vers le haut qui lui confère une extraordinaire élévation d'âme, la chevelure comme agitée de vaguelettes contrariées, tout concourt à en faire un portrait admirable. Le deuxième est un buste à cuirasse dont la sévérité du visage est à peine contrebalancée par le désordre de la coiffure, que le sculpteur a détaillée avec dextérité. Dans cet esprit, mais avec une plus grande densité, sont rendues la chevelure et la barbe du troisième. Ici, mèches et poils ont été engagés dans un mouvement qui, loin de s'arrêter, comme cela est habituel, aux limites du visage, semble au contraire se prolonger dans la tension et la fatigue de ses traits. Plusieurs portraits privés réalisés à Rome autour de 200 utilisent ces effets baroques. Ceux-ci se prolongent dans les plis cassés du manteau à franges. Le *paludamentum** à franges revêt aussi le quatrième buste, dont la

n'est sûre que pour l'un d'eux, celui de la plus jeune femme, un très beau buste presque intact (seuls le menton et le nez sont lacunaires). Son visage, aux yeux lisses, est rayonnant sous une apparence calme. Divisés par une raie médiane, ses cheveux sont tirés vers l'arrière – à l'exception de deux petites mèches en accroche-cœur – afin de constituer les longues tresses plates qui enserrent le crâne. Au-dessus d'une légère tunique, rayée, froissée avec recherche et agrafée sur l'épaule droite, vient un pan du manteau rejeté ensuite derrière l'épaule gauche. L'arrangement de la coiffure présente des variantes sur les deux autres têtes. Sur l'une d'elles, les cheveux, d'abord étirés sur le front, forment une sorte de couronne frisée et dentelée, puis culminent en tresses enroulées, retombant enfin sur la nuque en un grand nœud dissymétrique.

Buste d'un
militaire inconnu.
Chiragan,
vers 200.
Inv. 30112

Tête d'homme.
Chiragan,
vers 200.
Inv. 30127

Buste héroïsé
d'un philosophe,
homme de lettres
ou rhéteur.
Chiragan,
vers 210-220.
Inv. 30105

calotte crânienne a disparu. On y avait autrefois reconnu Macrin, assassin et bref successeur, en 217-218, de Caracalla. Sans doute aussi convient-il de replacer autour de 200 une belle tête longtemps dite de Tétricus, empereur qui régna en fait trois quarts de siècle plus tard. Y transparaît le goût du sculpteur pour l'augmentation du volume et l'animation de la chevelure. D'épaisses et longues mèches suivent un parcours sans ordre, sauvage, s'entremêlant en plusieurs points. Une application spéciale est mise à la fine gravure de la barbe, de la moustache et des sourcils. Le regard inspiré reprend une formule mise au point à l'époque hellénistique. Enfin, dans les années 210-220 a dû être taillé un buste héroïsé de grandes dimensions. Il descend jusque sous la poitrine, et la naissance des bras y apparaît. Le renvoi sur le dos d'un vêtement le dénude, détail qui laisse soupçonner un philosophe, un homme de lettres ou un rhéteur. L'aspect du visage évoque les portraits de Caracalla régnant. Mais l'on remarquera surtout la déchiqueture de la coiffure et de la barbe. Elle attire notre attention sur le désintérêt désormais croissant – mais non constant – des sculpteurs envers une

Buste héroïsé
d'un inconnu.
Chiragan,
vers 230-240.
Inv. 30161

Tête d'un inconnu.
Chiragan?,
vers 220-230.
Inv. Esp. 1021

Buste d'un inconnu.
Chiragan,
milieu du IIIᵉ siècle.
Inv. 30119

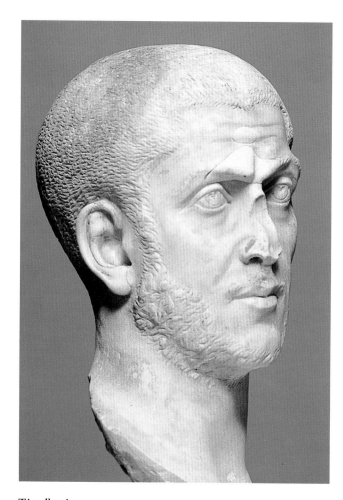

Tête d'un inconnu.
Chiragan,
deuxième quart du IIIᵉ siècle.
Inv. 30129

plastique capillaire tout à ses jeux de mèches et de boucles.

Plusieurs portraits de Chiragan appartenant au IIIᵉ siècle montrent comment apparaît alors une nouvelle esthétique des cheveux, coupés court ou au ras du crâne. Sur un buste (Inv. 30161) qui évoque certaines représentations des empereurs Maximin le Thrace (235-238) et Gordien Iᵉʳ (238), une succession de petites mèches rendues *a penna* (expression italienne caractérisant l'aspect d'un plumage) ramène la chevelure vers le front. Sur d'autres têtes, une gamme variée de traitements, allant de

denses piquetages à de simples griffures, mettent plus en valeur la conformation crânienne, jusque dans tous ses reliefs, que le système capillaire. En résulte une impression d'austérité, voire de rudesse. Quand la tension des rides, le froncement des sourcils et les poches sous les yeux ne viennent pas, en plus, révéler l'inquiétude, comme c'est le cas pour deux têtes pleines de caractère. L'une (Inv. 30119) est presque semblable aux poignants portraits de Dèce, empereur de 249 à 251. Angoisse d'un temps d'anarchie militaire exposé à tous les dangers, a-t-on souvent écrit au sujet des images de ce type. Mais aussi, sur une jolie tête d'enfant en laquelle a souvent été reconnu Philippe le Jeune (vers 237-249) – fils de l'empereur Philippe l'Arabe qui l'associa au pouvoir de 244 à 249 –, extrême tendresse d'un visage que la quasi-abstraction du casque chevelu rend encore plus émouvant. Le petit buste dénudé d'un jeune garçon de cette période se singularise par la touffe de cheveux sauvegardée sur la nuque, dans le

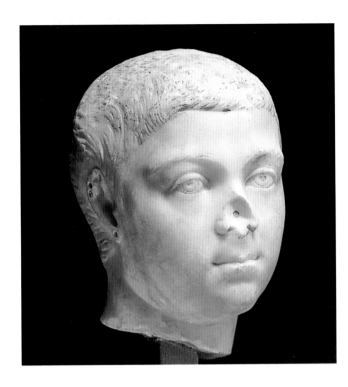

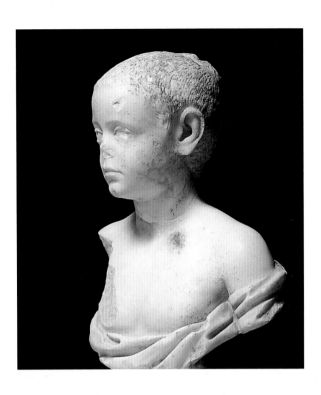

Tête de
Philippe le Jeune?
Chiragan,
deuxième tiers
du IIIe siècle.
Inv. 30128

Buste d'un
jeune garçon.
Chiragan,
deuxième tiers
du IIIe siècle.
Inv. 30163

Buste d'un petit garçon
et petit buste féminin.
Chiragan,
deuxième tiers
du IIIe siècle.
Inv. 30170 et 30169

Grand buste féminin.
Chiragan,
milieu du IIIᵉ siècle.
Inv. 30131

champ d'un crâne par ailleurs presque complètement rasé. Peut-être faut-il y voir la marque de la consécration de l'enfant à la déesse Isis. Le portrait d'un tout petit garçon boudeur dont l'épaule gauche surgit, nue, d'une tunique qui s'est détachée appartient sans doute aussi à cette époque. Il a quelque lien de parenté – la mère et l'enfant ? – avec un petit buste féminin dont la tunique est semblable et que le type de coiffure permet de dater entre les années 230 et 270. Celle-ci se divise en deux vagues frisées rassemblées sur la nuque en un point qui a été retaillé pour ajouter une partie restaurée ou conçue dans un autre morceau de marbre dès l'origine. De là, les cheveux étaient

tressés en une large natte relevée et appliquée sur le sommet du crâne. Visage et coiffure rappellent le portrait monétaire de Tranquillina (repr. p. 148). Une coiffure presque identique se voit sur l'un des plus grands bustes féminins connus de la sculpture romaine. Le tronc complet et les bras du personnage sont représentés. Un très important relief rend l'effet d'une demi-statue. Non dénué d'une certaine gravité, le visage, subtilement modelé, est empreint d'humanité. L'ensemble exprime au plus haut point la noblesse et la grandeur d'âme d'une de ces matrones romaines dont l'image forte et rassurante est si fréquente sur les tombeaux et les sarcophages contemporains.

Tête de Galeria
Valeria Eutropia.
Chiragan,
vers 293.
Inv. 30308

Tête de
l'empereur Maximien Hercule.
Chiragan,
vers 293.
Inv. 30306

Le groupe tétrarchique

Avec la réforme générale de l'Empire par Dioclétien, Chiragan reçut un groupe de quatre portraits impériaux récemment identifié par Jean Charles Balty, qui l'a aussi situé vers 293. Le visage le plus étonnant est celui de Maximien Hercule (vers 240/250-310), empereur d'abord avec Dioclétien, de 286 à 305, puis de nouveau, de 306 à 310, dans le cadre de la seconde tétrarchie. Son élargissement vers le bas – encore amplifié par la barbe – et l'incroyable robustesse du cou lui confèrent une force qui paraît invincible. Rappelons qu'en 287 Dioclétien avait pris le surnom de *Jovius*, auréolant ainsi sa fonction suprême de la puissance de Jupiter, Maximien adoptant parallèlement celui d'*Herculius*, s'attribuant, comme Commode au siècle précédent, les extraordinaires capacités d'Hercule. C'était placer le pouvoir impérial bien au-dessus des simples actions humaines. On comprend mieux, de ce fait, que l'iconographie officielle de Maximien ait recherché un type physique proche de celui du héros. S'y ajoute ici un regard menaçant, rendu par des yeux assez effilés (à l'iris nettement marqué d'un

Tête de Galeria
Valeria Maximilla.
Chiragan,
vers 293.
Inv. 30165

Tête de Maxence.
Chiragan,
vers 293.
Inv. J 328 B

bourrelet) et mis en valeur par l'importance de la cavité orbitale, par celle de la paupière supérieure et par l'extension sinueuse de l'arcade sourcilière. Le portrait de son épouse, Galeria Valeria Eutropia, est surmonté d'une curieuse coiffure dont l'enroulement de grosses torsades maintient au-dessus du front des sortes de languettes superposées résultant d'une mise en forme des cheveux. Le fils de Maximien, futur empereur Maxence, est représenté encore enfant, sans doute à l'âge qu'il avait en 293, l'année de la constitution de la première tétrarchie avec la nomination des Césars Constance Chlore et Galère. Cette année-là avait aussi été celle du mariage de Maxence avec la fille de Galère, Galeria Valeria Maximilla, reconnaissable dans un quatrième portrait que la facture relie aux trois précédents. On y remarquera l'extraordinaire travail de frisure de la chevelure, que le sculpteur a reproduit dans presque tous ses détails.

Un rare portrait de la période théodosienne

Un dernier portrait, nettement séparé des autres par la chronologie, clôt magnifiquement la série de Chiragan. Il s'agit d'une tête de femme qui étonne et fascine tant par l'étrangeté de sa coiffure que par son expression sévère, hautaine, presque dédaigneuse. Son visage est fermement construit, avec une forte saillie des pommettes et du menton. Les yeux, légèrement cernés, semblent attirés vers le haut. Remarquable est l'amplitude des courbes des arcades sourcilières, qui se prolongent en un nez fin et long. Il y a là une stylisation qui annonce la sculpture byzantine. Une sorte de voile-turban renforce ce caractère oriental, qui avait déjà frappé Alexandre du Mège au XIXᵉ siècle lorsqu'il cherchait à comprendre cette « figure persique » : asymétrique, il limite une grande masse abstraite dont les gonflements ne laissent que peu paraître les

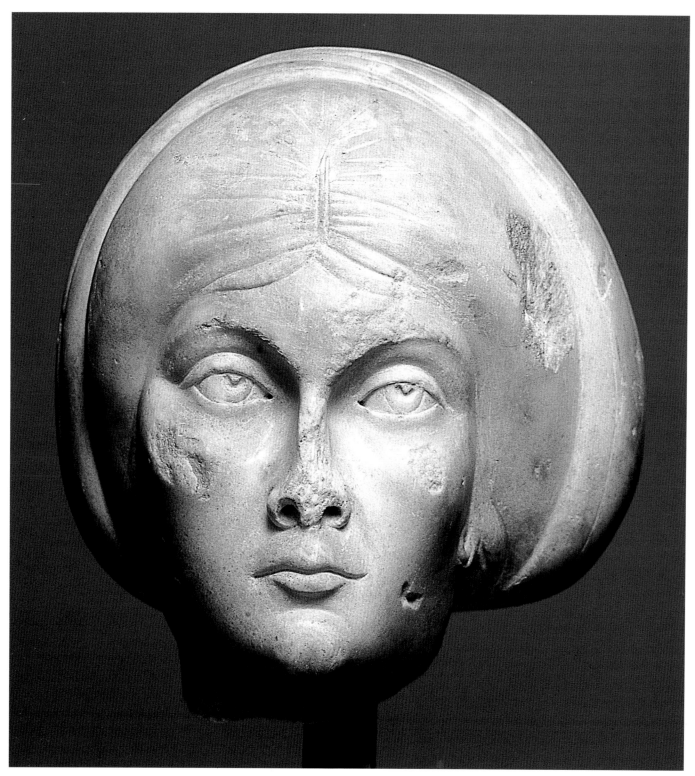

Tête d'une inconnue.
Chiragan,
vers 390-420.
Inv. 30139

cheveux qu'il enveloppe. La modernité de ce volume a été relevée dès le début du XXe siècle, touchant de nombreux artistes et amateurs d'art. Mais on se trouve ici bel et bien, malgré cette impression d'intemporel, devant un chef-d'œuvre appartenant à la fin du règne de Théodose (379-395) ou à ceux de ses fils Arcadius et Honorius, qui lui succédèrent à la tête de l'Empire romain, le premier en Occident jusqu'en 408, le second en Orient jusqu'en 423. Ce portrait n'a pas son semblable, ce qui ne facilite guère son identification. Toutefois, sa haute qualité et la rareté des portraits sculptés de cette époque amènent à penser à l'une des nombreuses femmes de premier plan, épouses ou filles des empereurs, de la famille théodosienne. Sa présence à Chiragan – une provenance affirmée dans la *Description du Musée des Antiques de Toulouse* de 1835 – soulève bien des questions. Autour de 400, en allant même jusqu'à 420 (si l'on adopte la datation dans les vingt premières années du Ve siècle proposée par Jutta Meischner), recevant cette œuvre de premier ordre, Chiragan était donc un lieu qui comptait encore. Il est permis de douter d'une destruction par les Vandales, comme l'avait avancé Léon Joulin. Peut-être même la villa était-elle active et habitée à l'arrivée en 418 du premier roi wisi-goth de Toulouse, Wallia. Le domaine, tel qu'on le perçoit à travers son plan et ses sculptures, ne pouvait qu'attirer la convoitise des nouveaux arrivants ou poursuivre sa vie sous l'autorité d'un de ces grands Romains des pays alors prospères de la Garonne qui avaient su établir des liens avec les souverains toulousains. Ce n'est que le dernier mystère d'un site exceptionnel dont on a vu qu'il en recèle bien d'autres.

Daniel Cazes

Les représentations monétaires impériales

La qualité et la diversité du médaillier antique du musée Saint-Raymond le distinguent parmi les plus belles collections numismatiques du grand Sud-Ouest et même de France. Compte tenu de son importance, seule une sélection de quelques monnaies d'or et de bronze est proposée au public. Sur ces pièces figurent les effigies des membres de la maison impériale qui se sont succédé à Rome pendant près de trois siècles. Le réalisme des représentations moné-taires permet au visiteur une comparaison sai-sissante avec la collection des bustes impériaux de Chiragan. La numismatique fournit à cet égard une galerie de portraits de référence incontournable : l'identification des portraits sculptés des empereurs, des impératrices ou des jeunes Césars s'accomplit le plus souvent grâce à leur confrontation avec les profils monétaires.

La monnaie romaine exerce, au-delà de sa fonction économique, le rôle de messager du pouvoir impérial. Tous les successeurs de César, qui fut le premier à imposer son effigie sur les monnaies, auront pour préoccupation, dès leur accession au pouvoir, de frapper des espèces à leur nom afin de mieux véhiculer leur image à travers l'Empire. Chaque événe-ment politique, militaire ou religieux est prétexte à une émission monétaire nouvelle qui exalte les actions et les mérites de l'empe-reur : la monnaie est utilisée comme un instru-ment de propagande du pouvoir auprès des citoyens.

Durant les trois premiers siècles, le prince est le plus souvent représenté la tête ceinte d'une couronne laurée (Trajan Dèce) qui sym-bolise son accession à l'augustat et son titre d'*imperator*. Par opposition, les Césars sont figurés la tête nue, le port de la couronne ne s'effectuant qu'au moment de leur nomina-tion (Philippe II). Ces détails dans les coiffes servent aussi de marque de valeur permettant de distinguer les monnaies entre elles : la couronne radiée ou couronne solaire équivaut au double de la couronne laurée. Ainsi, le *dupondius* porte une effigie radiée et vaut le double de l'as qui porte une effigie laurée. De nombreux attributs comme la cuirasse, le sceptre, le globe ou le casque interviennent fréquemment dans la composition des por-traits pour accentuer davantage la personnalité de l'empereur.

V.G.

Aureus de Sabine.
Rome, 134-136.
M.O. 94-R205

Trajan Dèce,
sesterce.
Rome, 249-251.
RIC 124a,
Roumeguère, p. 115,
9ᵉ cart., n° 97.
Inv. M.B.98-L520

Philippe II César,
sesterce.
Rome, 244-246.
Inv. M.B.98-L31S1

Sur ces reproductions les
monnaies sont agrandies
une fois et demie.

Un *dupondius* de Tranquilline provenant de la collection de Martin de Saint-Amand

Ce *dupondius* frappé à Rome en 241 présente au droit le buste de Tranquilline, diadémé et drapé à droite, posé sur un croissant, sous la titulature « SABINIA TRANQVILLINA AVG ». Le revers célèbre l'union du jeune empereur Gordien III avec Tranquilline, fille du préfet du prétoire Timésithée. Tous deux se tiennent face à face et se serrent les mains, sous la légende « CONCORDIA AVGVSTORVM ».

Cette monnaie de bronze est présentée par Charles-Clément Martin de Saint-Amand (1700-1763), ancien receveur général des tabacs et grand collectionneur passionné de numismatique, à l'Académie des sciences de Toulouse en 1753 (E. Lapierre, *Mémoires de l'Académie des sciences, inscriptions et belles-lettres de Toulouse*, 10ᵉ série, tome VII, 1907, p. 25). Sa grande rareté la fait figurer, aux côtés des quatre antoniniens du trésor de Sainte-Suzanne (Ariège), qui contenait un exemplaire en argent de cette même impéra-

trice, comme l'un des plus remarquables exemplaires de sa collection. Cette pièce, acquise semble-t-il pour un prix dérisoire à un brocanteur et dont la provenance exacte demeure toujours inconnue, correspond sans aucun doute au n° 25 du catalogue dressé par Casimir Roumeguère en 1858, malgré la description erronée qu'en fait l'auteur dans son ouvrage.

V.G.

Tranquilline,
dupondius.
Rome, 241
RIC 341c,
Roumeguère, p. 113,
9ᵉ cart., n° 25.
Inv. M.B.98-L127

Protomé de cheval

Ce bronze représente un protomé* de cheval dont la tête s'incline légèrement vers la droite. Deux branches de lierre couronnent la crinière et se croisent sur le front en une guirlande de baies, les feuilles pendant sur le cou. Sur la face droite, la base du cou est enserrée d'une corde coulissant dans un passant rattaché à un rectangle en relief. Généralement, on reconnaît dans cet élément une aile. Identification dont la symbolique nous échappe, mais qui pourrait convenir pour la pièce de Martres, bien qu'elle soit moins triangulaire que les autres. Au siècle dernier, Du Mège y avait reconnu un couteau dans son fourreau et en avait déduit qu'on avait mis au jour un manche de couteau de sacrifice. Cette décoration est solidaire d'une platine prolongée par un tenon central en fer qui a pu être pris pour une soie ; dans ce cas, celle-ci prolongerait la lame et non l'inverse. De plus, ce protomé est très lourd et trop court pour un manche. La face droite de l'objet a été plus soigneusement travaillée, que ce soit la crinière qui retombe en mèches, le pelage, ou encore les accessoires. Cela indiquerait qu'il a été fait pour être vu en priorité sur ce côté. Par comparaison avec des objets de ce type, il semblerait que ce soit un pommeau ornant la boiserie d'un bras de lit.

E.U.

Découvert en 1829 à Chiragan.
Bronze coulé autour d'un tenon de fer et ciselé, époque romaine.
Inv. 25669

III

LE SOUS-SOL
DU MUSÉE

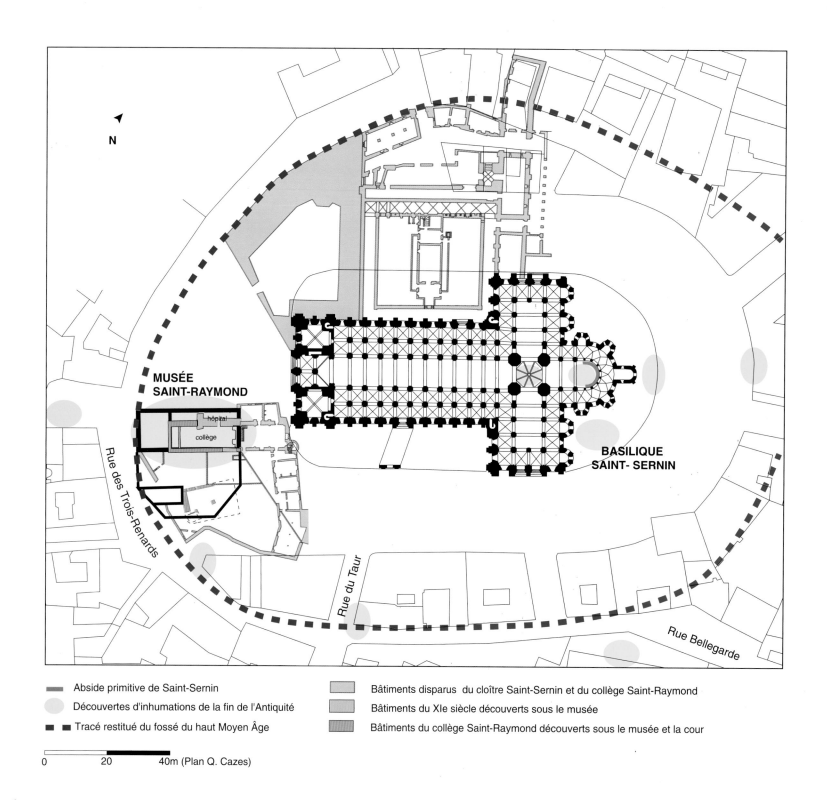

N

MUSÉE
SAINT-RAYMOND

hôpital

collège

Rue des Trois-Renards

Rue du Taur

BASILIQUE
SAINT- SERNIN

Rue Bellegarde

▬▬ Abside primitive de Saint-Sernin

◯ Découvertes d'inhumations de la fin de l'Antiquité

▬ ▬ Tracé restitué du fossé du haut Moyen Âge

▢ Bâtiments disparus du cloître Saint-Sernin et du collège Saint-Raymond

▨ Bâtiments du XIe siècle découverts sous le musée

▦ Bâtiments du collège Saint-Raymond découverts sous le musée et la cour

0   20   40m (Plan Q. Cazes)

Plan des abords de Saint-Sernin,
avec l'indication
des découvertes d'inhumations
de la fin de l'Antiquité
et la figuration des bâtiments disparus
du cloître et du collège Saint-Raymond.

Détail du couvercle d'un sarcophage de la nécropole Saint-Sernin: chrisme dans une couronne élevé par deux génies, fin du IVe ou Ve siècle. Inv. Ra 505a

LES NÉCROPOLES CHRÉTIENNES
DE TOLOSA

Pendant toute l'Antiquité, le paysage de Toulouse hors les murs a été marqué par la présence de nécropoles. Le mort devait être relégué loin des vivants, ce qui n'empêchait pas la concurrence de tombeaux monumentaux s'élevant avec ostentation le long des voies routières. Pour les trois premiers siècles de l'Empire, la plus grande nécropole semble être celle qui se développe le long de la voie narbonnaise. D'une autre, située à l'est de la ville, n'ont été découverts que quelques éléments ponctuels.

La situation se modifie à la fin de l'Antiquité: la christianisation de ces aires funéraires est marquée par l'édification d'églises, ce qui a pour conséquence le resserrement des inhumations autour de ces nouveaux pôles. Ainsi, au sud, dans le très vaste champ funéraire du Haut-Empire, des tombes des IVe et Ve siècles paraissent circonscrites dans les environs immédiats de la chapelle Saint-Roch, à un kilomètre de la porte narbonnaise. On peut faire l'hypothèse que la chapelle du XIe siècle (Saint-Roch *ad feretrale*) a succédé à un premier édifice chrétien.

À proximité immédiate de la porte, une fouille menée en 1993 a permis de confirmer l'existence d'un autre groupe d'inhumations du Ve au VIIe siècle, déjà repéré en 1530.

À l'est de la ville, on a pris l'habitude d'admettre l'existence de deux nécropoles, peut-être contiguës, s'étendant sur plus de 1 500 mètres. La première est dite de Saint-Aubin, du nom de l'église édifiée au XIXe siècle. Dans la proche rue Mercadier, les découvertes, en 1967 et 1975, de tombes en cercueils et de sarcophages attribuables aux IVe et Ve siècles confirment l'existence d'un noyau de sépultures de la fin de l'Antiquité, mais ne donnent aucune indication sur les limites de cette aire funéraire ni sur la présence proche ou lointaine d'un lieu de culte associé. L'autre nécropole est celle de Saint-Sauveur. En 1988, d'importants travaux à l'intérieur de la «halle aux grains» ont fait disparaître de nombreuses sépultures antiques et médiévales, ainsi que les restes de la chapelle Saint-Sauveur, signalée dans les textes à partir du XIIe siècle et arasée au XIXe siècle: avec ces destructions, il n'existe plus aucune possibilité de vérifier si elle avait succédé à une église funéraire de la fin de l'Antiquité. En 1982, l'abbé Baccrabère a également pu vérifier la présence, à l'angle de la rue B.-Mulé, de six sépultures de la fin de l'Antiquité, dont une en sarcophage de pierre.

À l'autre extrémité de l'enceinte, au nord-ouest de la ville, près de la Garonne, les fouilles récentes menées à Saint-Pierre-des-Cuisines ont montré l'existence d'une dizaine de tombes alignées nord-sud antérieures au IVe siècle. Mais le véritable développement de la nécropole paraît se situer aux IVe et Ve siècles; il accompagne la construction d'une basilique funéraire à une nef, flanquée d'annexes, précédée d'un porche et achevée à l'est par une abside à cinq pans. Longue de près de 30 mètres, elle est bâtie en matériaux de remploi. À 20 mètres au nord de l'église, un autre ensemble monumental est édifié au Ve siècle: une grande galerie de 45 mètres de long et 5 mètres de large est restituable; à son extrémité orientale, un bâtiment forme un retour vers le nord, et sans doute en était-il de même à l'ouest. Cet ensemble offre des caractéristiques de construction très proches des édifices découverts à l'emplacement de l'ancien hôpital Larrey, qui étaient probablement une partie du palais des rois wisigoths de Toulouse.

Près de la porte nord de l'enceinte, une nouvelle aire cimétériale du haut Moyen Âge a été découverte en 1994, tout près du rempart, rue Romiguières. Il s'agit, dans la limite de la surface fouillée, d'une vingtaine de tombes disposées en rangées régulières. En pleine terre ou en espace libre, les inhumations sont alors signalées en surface par un entourage de galets et sont, pour la plupart, plusieurs fois réutilisées.

Mais c'est plus au nord encore, à 450 mètres de la porte de la ville, que se trouve la grande nécropole chrétienne de Toulouse, établie autour de la tombe du premier évêque et martyr, Saturnin, mort en 250. La *Passio* permet de reconstituer les étapes de son développement: l'inhumation, de nuit, par deux saintes femmes, du corps de l'évêque dans un cercueil de bois; la construction d'une petite basilique de bois par l'évêque Hilaire au milieu du IVe siècle; puis l'édification d'une basilique *pulchram et speciosam*, commencée par l'évêque Silve à la fin du IVe siècle et consacrée par son successeur Exupère en 402 ou 403. L'abside de cet édifice a été retrouvée lors de la restauration de Saint-Sernin en 1970: situés sous le niveau actuel de la première crypte, son soubassement et les premières assises de son élévation sont exactement entourés par le mur qui forme le rond-point du chœur roman. À cette église appartenait certainement aussi le pilier de marbre, à l'origine carré et cannelé, puis retaillé sur un plan octogonal à l'époque gothique, qui soutient les voûtes sur croisées d'ogives de la crypte basse actuelle. Un morceau d'un pilier du même type est conservé au musée.

Quitterie Cazes

LE SOUS-SOL DU MUSÉE SAINT-RAYMOND : UN SITE ARCHÉOLOGIQUE

À l'occasion du réaménagement du musée, des fouilles archéologiques ont été conduites dans son sous-sol de 1994 à 1996. Elles ont permis de retrouver les origines du bâtiment actuel et de remonter plus loin encore, avec la découverte d'une partie de la nécropole de Saint-Sernin. Les tombes se pressaient autour du corps saint sur un large périmètre. Sous le musée, une centaine de tombes ont été étudiées.

La nécropole

La première salle du sous-sol du musée présente *in situ* des témoignages de l'existence de la nécropole. Ici a été découverte, dans un sarcophage de marbre blanc-gris, à la cuve parallélépipédique et au couvercle à quatre versants très prononcés, l'inhumation la plus ancienne reconnue sur le site. Une datation sur les ossements conservés, obtenue par radiocarbone, a donné deux pics de probabilités: 150 ou 308. C'est le seul élément nous permettant d'imaginer une aire sépulcrale antérieure à la construction de la première basilique.

Une grande partie des tombes étudiées appartenaient aux IVe et Ve siècles. Les plus nombreuses étaient faites dans des cercueils ou des coffres de bois, pour les enfants comme pour les adultes. L'une d'elles contenait, à l'intérieur d'un coffre de bois, un second coffre de plomb, anépigraphe et sans décor. De la même époque datent cinq sarcophages également sans décor, en marbre, grès ou calcaire (deux sont encore en place dans la salle). Trois sépultures étaient accompagnées d'un dépôt funéraire: un ou deux balsamaires* à col long et panse sphérique en verre olivâtre, que l'on situe habituellement entre la seconde moitié du IVe siècle et le tout début du Ve; en outre, dans le sarcophage en grès, deux monnaies de Valens (364-378) et de Théodose ou d'Arcadius (379-408) avaient été déposées avec l'inhumation.

Aux Ve et VIe siècles, quelques signes d'organisation interne de cette partie de la nécropole apparaissent, avec l'existence d'enclos. Les mêmes types de tombes que ceux rencontrés précédemment sont apparus, à l'exception d'enfants ou de nourrissons, inhumés dans des amphores

Tombes du Vᵉ siècle en cours de fouille
dans le sous-sol du musée
(à droite en coffre de plomb,
à gauche en cercueil).

Four à chaux
à la fin
de la fouille.

dont le col avait été cassé. Toutefois, on constate une évolution dans les sarcophages : si ceux de marbre présentent les mêmes caractéristiques, quatre sarcophages de calcaire montrent une taille rapide, où les traces d'outils sont nettement visibles, surtout sur les couvercles à peine ébauchés.

Une tombe contenait un fragment important de verre à tige creuse, que l'on situe dans les années 550 à 650 ; deux autres conservaient chacune une bouteille de forme ramassée à col réduit et panse conique à fond concave, d'un type identique à celle découverte dans la tombe d'Arégonde à Saint-Denis, datée des années 560-570. En outre, deux cas d'inhumation habillée ont été relevés. Un enfant prépubère portait une boucle d'oreille « en croissant », en alliage argenté doré, datable du Vᵉ siècle. Les prototypes de cette boucle de type « hunnique », issus de Russie méridionale, ont été propagés en Occident par l'aristocratie danubienne pluriethnique. La découverte de tels objets en Gaule est rarissime ; à Toulouse, il faut peut-être mettre en relation cet élément de parure oriental avec le rayonnement politique du royaume wisigoth. Une autre sépulture comprenait un couteau et trois boucles ovales, dont une boucle de ceinture en alliage cuivreux

doré, possédant un ardillon épaissi « en massue » à décor géométrique compartimenté. Caractéristique des mondes goth et franc durant la première moitié du VIᵉ siècle, elle pourrait traduire une présence ou en tout cas une influence franque au lendemain de l'invasion de 508.

Un four à chaux dans la nécropole

Dans la première salle du musée, on découvre les vestiges de l'élément le plus étonnant rencontré lors des fouilles de 1994-1996 : un four à chaux qui avait été implanté à l'intérieur de la nécropole entre le milieu du Vᵉ et le milieu du VIᵉ siècle. Les parois du four sont hémisphériques, bâties essentiellement en fragments de briques disposés en biais. À l'intérieur, deux massifs de briques supportaient le chargement des matériaux à cuire ; ils sont séparés par un couloir où s'effectuait le feu. L'entrée du four est marquée par deux massifs de briques dans lesquels est ancré un linteau de calcaire ; l'accès se faisait par un grand conduit, de près de 2 mètres de large et de plus de 4,50 mètres de long, qui permettait le chargement et l'approvisionnement pour la chauffe.

Le four a fonctionné plusieurs fois, mais la durée d'utilisation ne peut être précisément donnée. La combustion du dernier chargement n'a pas été complète: la partie basse de l'empilement des blocs destinés à la cuisson n'a pas brûlé. Il s'agissait pour l'essentiel de fragments de sarcophages, en marbre pour la plupart. Nombre d'entre eux portent un décor de feuilles de lierre ou de rinceaux de vigne, de strigiles ou d'imbrications, caractéristique de la production du sud-ouest de la Gaule. Il est peu probable que la présence de la nécropole, utilisée alors comme «carrière», ait suffi à fixer l'emplacement de ce four. S'il est trop tardif pour avoir été utilisé lors de la construction de la basilique consacrée par Exupère, il accompagne peut-être l'édification de bâtiments annexes.

Après l'abandon du four, la nécropole s'étendit à nouveau sur l'espace qu'il avait occupé: quatre sarcophages en calcaire furent mis en place sur son comblement (mais ont dû être déplacés lors de la fouille).

Sarcophages du VIe siècle
mis en place au-dessus du four
à chaux après son abandon.
Celui de droite est recoupé
par le fossé du haut Moyen Âge.

Le site de la fin du VIe au milieu du XIe siècle

Le VIe siècle semble être l'époque de la plus grande extension de la nécropole. À la fin de ce siècle ou au début du suivant, l'espace autour de la basilique est limité par un fossé dont un segment a été repéré: il s'agit de la bordure orientale d'une section orientée nord-sud, dont le tracé correspondrait à l'actuelle rue des Trois-Renards. Ce fossé marque vraisemblablement la limite du *monasterium sancti Saturnini* pendant le haut Moyen Âge, dont le tracé s'observe encore aujourd'hui dans le parcellaire. Quelques tombes sont alignées le long de cette nouvelle limite, mais elles restent isolées: il est probable que la réorganisation du terrain dépendant de la basilique s'est accompagnée de la mise en place d'aires funéraires plus limitées et mieux définies, telles qu'on peut les connaître pour le Moyen Âge.

Dans cette zone désormais sans affectation bien précise, quelques fosses sont implantées à l'époque carolingienne, dans un espace qui, sans présenter l'allure d'une véritable rue, est aménagé au moyen d'un petit cailloutis: sans doute une cour ou une place, qu'aucun élément archéologique ne permet de définir plus précisément.

L'hôpital du XIe siècle et son environnement

Dans le sous-sol du tinel apparaissent les soubassements des constructions médiévales successives qui ont donné son nom au musée Saint-Raymond et conditionné sa forme.

Le début de la construction de la grande église romane de Saint-Sernin, à partir des années 1070, entraîne de profondes modifications dans ses alentours. Entre 1071 et 1080, le comte de Toulouse Guillaume IV, l'évêque Isarn de Lavaur (également prévôt de Saint-Sernin), Raymond Guillaume de Marquefave, sacriste du monastère, le prieur de Saint-Sernin Pierre Ponchet et le chanoine Raymond Pierre s'unissent pour fonder un hôpital pour les pauvres et le dotent de revenus. La direction en est confiée à Raymond Gairard, chanoine laïc d'une grande réputation de sainteté (après sa mort, l'hôpital porte le nom de «Saint-Raymond»: la première mention date de 1122). De l'hôpital dépend une chapelle Saint-Jean, sans doute préexistante, située probablement entre Saint-Sernin et le nouveau bâtiment; elle est reconstruite au XIIe ou au XIIIe siècle.

Dans la partie orientale du musée a été retrouvé l'angle d'un bâtiment qui est sans doute l'hôpital du dernier tiers du XIe siècle. Il se poursuivait vers l'est en direction de

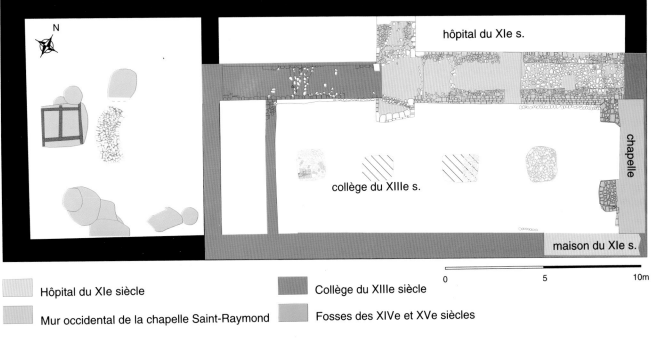

hôpital du XIe s.

collège du XIIIe s.

chapelle

maison du XIe s.

0   5   10m

Hôpital du XIe siècle

Mur occidental de la chapelle Saint-Raymond

Collège du XIIIe siècle

Fosses des XIVe et XVe siècles

**Plan des bâtiments médiévaux
découverts dans le sous-sol.**

Saint-Sernin (longueur reconnue: 14 mètres) et vers le nord en direction de la place Saint-Raymond (longueur reconnue: 1,50 mètre). La technique de construction est purement romane: deux parements en briques enserrent un blocage de gros galets disposés en assises, noyés dans un mortier assez grossier. Au nord, vers l'intérieur du bâtiment, il n'existe pas de ressaut de fondation. Au sud, le mur s'élève sur 1,10 mètre avant de former trois ressauts au-delà desquels commence véritablement l'élévation, conservée sur une hauteur maximale de 0,20 mètre. Cet épaississement de la fondation vers l'extérieur correspond sans doute à un souci de stabilité de la construction, qui se manifeste surtout par l'épaisseur du mur: 2,56 mètres en fondation, 2,30 mètres en élévation. Le retour du mur vers le nord possède une largeur un peu moindre, de 2 mètres: on peut ainsi penser qu'il s'agit du petit côté de la construction. Un contrefort subsiste au sud; peut-être était-il accompagné d'un autre en retour d'équerre, mais l'angle du bâtiment a été détruit au XIIIe siècle. La puissance de la construction indique vraisemblablement la présence d'une voûte, et l'absence de supports (contreforts ou pilastres) permet d'imaginer une couverture en berceau continu.

Même si ses dimensions complètes et son aménagement intérieur demeurent encore inconnus, on comprend que l'hôpital a été implanté dans un souci d'harmonisation avec Saint-Sernin: les côtés sud des deux édifices sont alignés.

Une partie du mur nord d'un autre bâtiment du XIe siècle est également visible dans cette salle du musée: elle est incluse dans les fondations du bâtiment actuel, côté jardin, et occupe une hauteur de 2,10 mètres sur une longueur de près de 4 mètres. La fondation est composée d'assises successives de galets, de blocs de grès (probablement des fragments de sarcophage) et de petits fragments de briques liés à la terre, qui sont limitées sur la droite par trois gros blocs quadrangulaires de calcaire disposés en retrait les uns par rapport aux autres. Après un retrait de 10 centimètres commence ce qui était probablement l'élévation: une rangée de blocs de calcaire, de dimensions irrégulières, surmontée d'assises de briques liées au mortier. Ce bâtiment se poursuivait vers l'est (en direction de Saint-Sernin) et vers le sud (sous la cour du musée).

Les transformations des XIIe et XIIIe siècles : la chapelle et le collège universitaire

Une partie de l'élévation orientale du bâtiment actuel du musée repose sur la fondation de la façade de la chapelle Saint-Raymond. L'implantation de celle-ci est connue par les plans levés avant sa démolition en 1852-1853. La façade prend appui sur le mur nord de l'hôpital par l'intermédiaire d'un contrefort; au sud, le retour en équerre d'un contrefort symétrique vient se bloquer contre l'élévation de l'autre édifice du XIe siècle. Elle est donc postérieure aux deux bâtiments du dernier quart du XIe siècle : il ne s'agit pas de la chapelle primitivement donnée à l'hôpital, dédiée à saint Jean. Le mode de construction permet d'envisager le XIIe ou le XIIIe siècle.

La création de la chapelle modifia de fait la dévolution de cette zone. Si, comme nous l'avons souligné précédemment, une rue occupait cet espace jusqu'au XIe siècle, l'implantation de ce nouveau bâtiment entraîna une modification du tracé de la voie, ménageant alors une sorte de cour intérieure. Dans cette dernière, cinq fosses ont été mises au jour.

Avec la création de l'université en 1229 se fit jour la nécessité de pourvoir au logement des étudiants. L'abbé de Saint-Sernin Jourdain (1212/1213-1233/1234) affecta l'hôpital Saint-Raymond à l'accueil des «étudiants et autres pauvres», mais l'affluence y fut telle que l'on ne put fournir assez de lits. En 1250, l'évêque d'Agen donna à l'abbé de Saint-Sernin une maison, près de l'hôpital Saint-Raymond, qui avait un temps servi à emprisonner les hérétiques jugés par le tribunal de l'Inquisition du diocèse qui avait siégé à Saint-Sernin.

Dans la seconde moitié du XIIIe siècle, l'ancien hôpital ne permettait plus de loger les étudiants : on le démolit, et un collège universitaire, à l'origine de l'actuel bâtiment, fut édifié. La nouvelle construction, de plan rectangulaire, s'appuie à l'est sur le mur de façade de la chapelle et s'étend à l'ouest sur une vingtaine de mètres : le mur de refend du bâtiment actuel reprend la limite du collège du XIIIe siècle; au nord et au sud, elle utilise les alignements donnés par le mur de l'hôpital d'un côté et de la maison du XIe siècle de l'autre. L'élévation conservée est relativement importante, de l'ordre de 2 mètres (avec un maximum de 2,72 mètres).

Cette construction se caractérise par l'utilisation de briques d'un fort module pour les parements. Le mur possède une largeur constante de 1,70 mètre et ne montre qu'un seul ressaut de fondation sur le parement extérieur. Le blocage, comme celui de l'hôpital du XIe siècle, est constitué d'assises de galets noyés dans du mortier.

Le niveau de l'arasement n'a pas permis de repérer l'emplacement de la porte d'entrée ni d'éventuelles séparations internes. Une cave existait à l'extrémité ouest du bâtiment : occupant tout son petit côté, elle se

Le sous-sol du tinel en 1996, avant la reconstruction du plancher du rez-de-chaussée du bâtiment de 1523. On distingue ici l'implantation de la grande salle du collège du XIIIe siècle qui prend appui à l'est (au fond) sur la façade de la chapelle Saint-Raymond.

développait sur une largeur de 2,20 mètres. Elle était limitée, à l'est, par un mur de briques appuyé directement contre les remblais préexistants. Deux trous de boulin dans le mur gouttereau montrent sans doute la présence d'un plancher situé à 1,10 mètre du fond de la cave.

D'autres édifices accompagnaient ce bâtiment principal, tel celui qui fut découvert sous la cour du musée en 1998, qui possédait une cave et était probablement un cellier. À l'ouest du collège, des fosses-dépotoirs ainsi qu'une fosse boisée furent aménagées aux XIVᵉ et XVᵉ siècles. De l'une d'elles provient un petit bol hémisphérique, fabriqué à l'imitation des productions valenciennes du XIVᵉ siècle, que l'on peut dater par son contexte entre 1370 et 1420.

La période moderne

Au cours du XVᵉ siècle, le collège fut détruit, sans doute par un incendie. De petits édifices, construits en briques de récupération, s'élevèrent de part et d'autre de sa façade occidentale. Témoignant d'une occupation temporaire dont la nature ne peut être définie, ils disparurent lorsqu'en 1523 débuta la reconstruction du collège médiéval sous l'impulsion du prieur Mathieu de Saint-André.

Le nouveau bâtiment reprend, en l'augmentant, la surface du collège médiéval : le tinel nouvellement construit s'appuie sur les fondations antérieures mais augmente de près de 2 mètres la largeur de l'édifice du côté nord, alors qu'une pièce supplémentaire de près de 100 mètres carrés vient le compléter à l'ouest. Des arcs de décharge pris dans les fondations permettent d'éviter d'éventuels problèmes de stabilité au-dessus des deux murs de l'hôpital et à l'angle nord-ouest de l'ancien collège.

Ainsi, la visite du sous-sol du musée permet de remonter à la fin de l'Antiquité, au temps où fut promu le culte de Saturnin. L'évocation émouvante de la nécropole, aujourd'hui accentuée par la présentation des sarcophages sculptés, et l'insolite présence d'un four à chaux, exceptionnel par ses dimensions et son état de conservation, rendent tangibles ces périodes lointaines. Plus encore, l'hôpital qu'administra Raymond Gairard, appelé « saint Raymond » par la population toulousaine, que l'on ne connaissait ni ne localisait jusqu'à présent, reprend place dans le patrimoine toulousain, tout comme le collège universitaire du XIIIᵉ siècle, à l'ombre de Saint-Sernin qui généra ces édifices.

Quitterie Cazes et Jean-Charles Arramond

MESSAGES, IMAGES ET OBJETS DES NÉCROPOLES DE L'ANTIQUITÉ ROMAINE ET DU HAUT MOYEN ÂGE

Dans ce sous-sol si imprégné des vestiges de la nécropole Saint-Sernin ont pris place une grande partie des œuvres d'origine funéraire de l'Antiquité romaine et du haut Moyen Âge conservées par le musée Saint-Raymond.

La galerie d'épigraphie funéraire païenne

Sur le côté nord, une étroite galerie rassemble des inscriptions funéraires païennes latines de diverses origines. Nous attirerons surtout l'attention sur celles des nécropoles toulousaines. La plus imposante par ses dimensions est un élément d'un monument funéraire du Iᵉʳ siècle. Au sommet de ce bloc de marbre subsistent les pieds d'une grande figure, peut-être le portrait du défunt. Le fragment d'inscription conservé avertit que le monument ne pouvait être transmis à l'héritier ni aux héritiers de l'héritier de celui qui en avait fait sa dernière demeure. Également incomplète, retaillée d'un chanfrein orné de palmettes biseautées, l'épitaphe d'Albinus est datable du Iᵉʳ ou du IIᵉ siècle. De la même époque est une inscription de dédicace funéraire quasiment complète qui provient de la nécropole de la voie de Narbonne. Gravée sur une petite plaque de marbre qui était encastrée dans le tombeau (un *columbarium* ? le couvercle d'un sarcophage ?), elle donne connaissance du dédicant : Cupitus. Il obtint la concession funéraire pour son père Tolosanus – nom qui paraît bien lié à la ville –, sa mère Cornelia Domestica, sa sœur Iulia Graphis, lui-même, tous les siens et leurs descendants.

Dans la galerie sont aussi exposées plusieurs urnes cinéraires en verre, pierre et marbre. Les trois en marbre, venues de collections particulières, furent probablement réalisées dans une officine de sculpteurs funéraires active à Rome au Iᵉʳ siècle. Toutes sont dotées d'intéressantes épitaphes. La première a contenu les cendres de D. Aemilius Romanus, dont les dieux mânes sont évoqués. La deuxième est celle de Cassia Maxima, figurée allongée sur un lit, comme pour participer au banquet qui réunissait sa famille auprès de son tombeau. Sur le couvercle, un

Épitaphe de Cupitus, fils de Tolosanus.
Toulouse, nécropole de la voie de Narbonne,
Ier ou IIe siècle.
Inv. 31013

Urne cinéraire de Cassia Maxima.
Rome,
Ier siècle.
Inv. 91.1.2

loup attaquant une brebis est une allégorie de la mort fou-
droyante. La troisième est celle de M[arcus] Cartimus
Dextrus, décédé à l'âge de trente-deux ans, six mois et
vingt-quatre jours. Son épouse Varia Clymen vécut vingt
ans avec lui et fit fabriquer l'urne. Des Génies portent
autour de la *tabula* inscrite la traditionnelle guirlande, qui
inclut ici dans sa courbe un aigle aux ailes éployées. Deux
lionnes ailées veillent sur l'intégrité du dépôt funéraire et
une couronne de laurier orne le fronton du couvercle.
Comme les simples épitaphes, ces urnes aident à entrevoir
les croyances, les rites et les symboles liés à la mort sous
l'Empire romain.

Épigraphie et sculpture funéraires de la fin de l'Antiquité

La plus longue inscription latine du musée est tardive,
certainement du IVe siècle. Elle était remployée dans un
mur de l'église médiévale de Valentine (Haute-Garonne)
lorsqu'elle fut acquise pour le Musée de Toulouse, en
1835, par l'entremise de la Société archéologique du Midi
de la France. Réutilisée en table d'autel, comme le prouvent cinq croix de consécration, cette épitaphe est composée de douze distiques élégiaques dont Jean-Marie
Pailler a donné une nouvelle traduction et une fine analyse en 1986. Ils ont été rédigés à la gloire de Nymfius,
haut dignitaire dont la fonction ne peut être déterminée.

Épitaphe de Nymfius.
Valentine (Haute-Garonne),
IVᵉ siècle.
Inv. Ra 197

Nymfius aeterno deuinctus membra sopore
hic situs est, caelo mens pia perfruitur;
mens uidet astra, quies tumuli complectitur artus,
calcauit tristes sancta fides tenebras.
Te tua pro meritis uirtutis ad astra uehebat
intuleratque alto debita fama polo.
Immortalis eris, nam multa laude uigebit
uiuax uenturos gloria per populos.
Te coluit proprium prouincia cuncta parentem,
optabant uitam publica uota tuam,
excepere tuo quondam data munera sumptu
plaudentis populi gaudia per cuneos.

Concilium procerum per te patria alma uocauit
seque tuo duxit sanctius ore loqui.
Publicus orbatas modo luctus conficit urbes
confusique sedent anxia turba patres,
ut capite erepto torpentia membra rigescunt,
ut grex amisso principe maeret iners.
Parua tibi coniunx magni solacia luctus
hunc tumuli titulum maesta Serena dicat.
Haec indiuidui semper comes addita fulcri
unanima tibi se lustra per octo dedit.
Dulcis uita fuit tecum. Comes anxia lucem
aeternam sperans hanc cupit esse breuem.

«Ci-gît

Nymfius, membres saisis d'éternelle torpeur;
Son âme pieuse goûte aux joies du ciel, son âme
Voit les astres; la tombe enferme en paix son corps.
Fidèle, il a vaincu les sinistres ténèbres.
Un renom mérité te portait vers les astres
Et t'avait élevé jusqu'au faîte des cieux.
Tu seras immortel: la multiple louange
Fera vivre à jamais ta gloire chez les peuples.
La province unanime en toi chérit son père,
Les vœux du peuple entier te souhaitaient la vie.
Les jeux donnés jadis par ta munificence
Ont eu sur les gradins les vivats de la foule.

Par toi Mère Patrie convoqua l'Assemblée,
Jugeant qu'elle parlait saintement par ta bouche.
Le deuil du peuple abat les cités orphelines;
Figés, les sénateurs siègent en foule anxieuse;
Ainsi, tête coupée, les membres se raidissent;
Ainsi troupeau sans chef s'afflige et s'alanguit.
Faible secours d'un deuil immense, ton épouse,
Serena l'affligée, te dédie cette pierre,
Compagne de toujours d'un lit inséparable,
Tout entière donnée à toi pendant huit lustres.
Douce fut près de toi la vie. Triste, elle attend
La lumière éternelle et veut celle-ci brève.»

Texte latin transcrit et traduit par Jean-Marie Pailler
dans «L'énigme Nymfius», in *Gallia*, n° 44, 1986-1, p. 151-165.

Morceau de sarcophage aux époux.
Narbonne,
IVᵉ siècle.
Inv. 30014

Épitaphe de Filicissima.
Toulouse, ancien cimetière Saint-Sauveur,
IVᵉ siècle.
Inv. Ra 382

Cependant, son action publique, son évergétisme*, lui valurent les éloges de toute une province (la Novempopulanie?) heureuse de ses bienfaits. Assurément très riche, puisqu'il offrit de vibrants spectacles à ses contemporains, il fut peut-être le maître de la magnifique villa fouillée par Georges Fouet à Valentine. Son épouse Serena lui avait dédié ce texte poétique, qui ne dut être que l'un des éléments d'un splendide monument funéraire. Nymfius, dont l'«âme pieuse goûte aux joies du ciel», et Serena, qui «attend la lumière éternelle», ont parfois été considérés comme des chrétiens. Ce ne fut probablement pas le cas, sauf peut-être pour Serena. Au-delà de ces considérations eschatologiques et de l'hommage civique, ces vers n'en dépeignent pas moins un couple uni et une veuve affligée par la perte de son époux.

D'un autre couple contemporain on verra l'image, mais sans le texte qui eût permis d'en désigner les noms. Elle est sculptée dans un cadre circulaire en forme de coquille, au centre de la face antérieure d'une cuve de sarcophage à panneaux latéraux creusés de strigiles dont le musée ne possède que ce morceau. L'œuvre est du IVᵉ siècle et vient de Narbonne. L'époux, vêtu d'une toge *contabulata* (avec une large bande oblique sur la poitrine), est, comme Nymfius, un magistrat de rang élevé. L'épouse pose sa main sur son bras en signe de lien et d'affection. Dessous, un Génie ailé s'approche d'un oiseau, scène qui se répétait ou se poursuivait sur la partie droite, malheureusement disparue, ce qui empêche d'en comprendre le sens.

Devant d'une
cuve de sarcophage
paléochrétien:
Multiplication des pains;
Orante; Guérison
de l'aveugle-né;
Miracle de la source.
Toulouse,
nécropole Saint-Sernin,
IVᵉ siècle.
Inv. Ra 506

Les premiers temps chrétiens à Toulouse

Plusieurs inscriptions paléochrétiennes de Toulouse et de sa région attestent la christianisation d'une partie de la population dès la fin de l'Antiquité. La plus ancienne, exhumée de l'ancien cimetière Saint-Sauveur, remonte au IVᵉ siècle. Elle présente la forme semi-circulaire d'une *mensa*, table disposée sur la tombe afin de recevoir les offrandes du repas funéraire. L'épitaphe qui y est inscrite rappelle l'inhumation *(depositio)* de Filicissima, qui vécut quarante-cinq ans au service de Dieu. Le chrisme, véritable signe de reconnaissance, affirme son appartenance à la communauté chrétienne. Une croix potencée achève l'épitaphe d'Ermeneldes (nom d'origine germanique), qui repose «dans la paix du Seigneur». Plus tardive que la précédente, elle a été trouvée sous la rue du Taur, c'est-à-dire dans les limites de la nécropole de Saint-Sernin. De cette dernière vient probablement le devant d'une cuve de sarcophage trouvé en 1860 en remploi dans le mur d'une maison du quartier: s'y développent en une frise sculptée les premières images chrétiennes connues à Toulouse. Ce type de sarcophage, dont les scènes figurées s'enchaînent les unes aux autres, a sa source et est fréquent dans la Rome chrétienne de la première moitié du IVᵉ siècle. Au centre, symbole eucharistique majeur, le Christ multiplie les pains. À sa droite, une orante, image de l'âme de la défunte, est présentée par deux hommes à un personnage assis: saint Pierre ou Dieu le Père. Deux scènes articulées (Moïse-Pierre faisant jaillir une source et Jésus guérissant l'aveugle-né) sont une allusion à la régénération du baptême. Les moments forts de la vie du chrétien sont affirmés: naissance à la vie spirituelle par le baptême,

Morceau d'un sarcophage paléochrétien:
Vierge à l'Enfant.
Origine inconnue,
première moitié du IVᵉsiècle.
Inv. 86.1.1

Petit sarcophage
dit de saint Clair :
Multiplication des pains
et noces de Cana ;
Orante ; Résurrection
de Lazare ;
Sacrifice d'Isaac.
Auch, ancien prieuré
Saint-Orens,
IVe siècle.
Inv. Ra 825

sacrement de l'eucharistie, béatitude de l'âme délivrée du corps par la mort et introduite dans la sphère divine.

Vestige d'une cuve de sarcophage du même type, bien que de style différent, un rare morceau d'origine inconnue met en scène la Vierge à l'Enfant. L'homme au *volumen* qui se tient derrière son siège est probablement un prophète, mis là pour attester l'accomplissement des Écritures, c'est-à-dire la naissance du fils de Dieu qui inaugure le règne du Salut. Deux femmes participent à la même représentation : l'une d'elles paraît remettre l'enfant à Marie. On y verra la sage-femme Salomé qui, dans le *Protévangile* de Jacques, témoigne de la conception virginale de Marie, sujet qui alimenta sous Constantin et ses fils d'importantes controverses religieuses. Si la composition est attachante, il ne faut pas oublier les arrière-plans symboliques de ces premières images chrétiennes.

À un même univers se réfèrent les scènes paradigmatiques sculptées sur le petit sarcophage dit de saint Clair. Sous l'Ancien Régime, il se trouvait dans l'église du prieuré Saint-Orens d'Auch. Au centre, on retrouve le Christ accompagné de disciples, multipliant les pains déposés à ses pieds dans des corbeilles. Appliquant ses mains sur deux coupes, qui évoquent le miracle des noces de Cana et complètent le thème eucharistique, il échange des regards avec l'orante debout à sa droite. Plus à droite, le Christ ressuscite Lazare. Marie, la sœur de Lazare, se lamente, prosternée aux pieds de Jésus. On remarquera l'allure classique du tombeau romain en édicule dans lequel se dresse Lazare. À gauche du Christ central, le patriarche Abraham s'apprête à sacrifier son fils Isaac devant un autel sur lequel brûle un feu. Une intervention divine l'en empêcha, substituant un bélier à l'enfant.

L'originalité du sujet, ici, tient au fait que sont simultanément représentés les trois hommes – Dieu trinitaire – qui lui apparurent au chêne de Mambré afin de lui annoncer que sa vieille épouse Sara donnerait la vie à Isaac. La double scène de l'Ancien Testament préfigure l'annonce de la naissance du Christ, son sacrifice sur la croix et sa résurrection. Sur l'un des petits côtés, le prophète Daniel, nu, est épargné par les lions qui devaient le dévorer. Toutes ces images ont une signification commune : le salut de l'âme. La dernière, sur l'autre petit côté, rappelle au contraire le péché originel. Devant Adam et l'arbre du

Petit sarcophage
dit de saint Clair :
Daniel dans la fosse
aux lions,
IVe siècle.
Inv. Ra 825

paradis sur lequel s'enroule le serpent du mal, Ève s'apprête à cueillir le fruit défendu. Les corps trapus et charnus, les visages rebondis, mettent cette œuvre à part dans la production des sarcophages chrétiens du IVe siècle, et l'on s'est plu à y détecter le souffle de l'esprit qui animera la sculpture romane : un art qui prendra des libertés face aux modèles classiques sans pour autant en perdre totalement le sens. Mais, à vrai dire, la sculpture romaine en prit aussi, gagnant comme ici une certaine spontanéité.

Petit sarcophage dit de saint Clair :
Adam et Ève,
IVe siècle.
Inv. Ra 825

Les sarcophages sculptés du sud-ouest de la Gaule

De ses nécropoles de la fin de l'Antiquité, Toulouse a conservé un bel ensemble de sarcophages dits « du sud-ouest de la Gaule ». Ces œuvres d'une grande originalité se rencontrent essentiellement au sein de cette aire géographique, surtout dans les anciennes villes romaines de Saint-Bertrand-de-Comminges, Toulouse, Narbonne, Elne, Béziers, Rodez, Cahors, Agen, Auch, Lectoure, Bordeaux et leurs régions d'influence. Leur chronologie a été très discutée, car sur aucun d'entre eux ne se lit une épitaphe qui eût fourni une date ou des indications susceptibles de situer dans le temps les défunts qui y furent inhumés. Presque tous sont arrivés jusqu'à nous grâce à des réutilisations médiévales et modernes, le plus souvent pour de nouvelles sépultures. À ce jour, aucun n'a pu être observé dans sa place d'origine, avec un contexte archéologique clairement datant. Seule l'histoire de l'art est en mesure de suggérer leur création dans la seconde moitié du IVe siècle ou au Ve siècle, par référence iconographique aux sarcophages produits à Rome dont tout laisse penser qu'ils inspirèrent les ateliers du Sud-Ouest. La carte de répartition de leurs œuvres et les marbres, en majorité blancs et gris à gros cristaux, dans lesquels elles sont taillées ont laissé penser que les carrières étaient celles du secteur de Saint-Béat, au cœur des Pyrénées, au début du cours de la Garonne. Le fleuve facilitait certainement le transport du matériau et des sarcophages achevés – on ne sait où se trouvaient les ateliers et combien il y en eut – jusqu'à Toulouse, d'où la diffusion se fit vers la Méditerranée, et Bordeaux.

Les multiples fragments de sarcophages de ce type empilés dans le four à chaux mis au jour sous le musée, ceux qui ont été découverts à de grandes profondeurs autour de l'église Saint-Sernin ou ceux qui s'y trouvent en remploi dans les maçonneries, sans doute aussi toutes les cuves et couvercles complets réutilisés pour les sépultures des anciens cimetières – les plus fameux sont ceux de plusieurs comtes de Toulouse – et du cloître attenants à ce sanctuaire, montrent suffisamment que la nécropole de Saint-Sernin en reçut un très grand nombre. Le succès, à la fin de l'Antiquité, de l'inhumation *ad sanctos**, ici le plus près possible du sarcophage – humblement sans décor – de saint Saturnin, l'un des martyrs les plus réputés de l'Occident, explique le phénomène. La construction, à la fin du IVe siècle et dans les toutes premières années du suivant, de la basilique paléochrétienne Saint-Sernin, autour de laquelle se réorganisa le champ funéraire, constitue un repère chronologique fondamental. La naissance du premier atelier qui sculpta ces œuvres fut peut-être liée au développement même de cette nécropole – chose que des fouilles de plus grande ampleur de ce site archéologique de première importance pourraient mettre un jour en évidence.

Une première série d'œuvres répercute à Toulouse un thème iconographique originaire de Rome : celui de la *Traditio Legis* ou transmission de la Loi à saint Pierre, fondateur de l'Église romaine, en présence de Paul et des autres apôtres. Le Christ remet à Pierre un rouleau de papyrus *(volumen)* sur lequel est rédigé le dogme chrétien. Mais, à Toulouse, la scène n'est pas imprégnée

Cuve d'un
sarcophage :
Le Christ ;
Pierre ; Paul ;
Apôtres.
Toulouse,
Saint-Sernin,
fin du IVᵉ ou
début du
Vᵉ siècle.
Inv. Ra 507

de la solennité qu'elle acquit à Rome à la fin du IVᵉ siècle, et l'accent est mis sur une discussion apostolique animée.

C'est ce que montrent les faces principales de trois cuves de sarcophages où, autour d'un groupe central constitué du Christ, de Pierre et de Paul, les autres apôtres conversent. Ils commentent et font ainsi vivre le message chrétien, comme le firent à leur exemple les messagers de l'Église romaine dans les villes et les campagnes du Sud-Ouest. Sur la première de ces cuves, qui vient de Saint-Sernin, les personnages occupent des niches rectangulaires : les trois acteurs principaux sont isolés, alors que les autres sont groupés deux par deux. Sur l'un des petits

côtés, un berger appuyé sur sa houlette et tenant une flûte de Pan garde son troupeau ; sur l'autre, deux hommes, l'un armé d'un épieu, l'autre d'un arc, chassent un lion. Les deux scènes viennent de l'art funéraire païen, mais peuvent être interprétées dans une perspective chrétienne : le Bon Pasteur est le Christ attentif au salut des âmes ; la formidable victoire sur l'animal le plus fort de la nature rappelle à la fois celle d'Hercule et le combat du mal ou de la mort.

Sur la deuxième cuve, qui avait été remployée dans la construction de l'ancienne église Saint-Michel-du-Touch à Toulouse, les personnages sont debout, chacun sous l'un

Sarcophage :
Le Christ et ses disciples
sur la cuve ;
Noces de Cana,
Disciples du Christ,
Scène de résurrection,
Multiplication
des pains sur le couvercle.
Toulouse, Saint-Michel-
du-Touch (cuve)
et Daurade (couvercle),
fin du IVᵉ
ou début du Vᵉ siècle.
Inv. Ra 809 B et Ra 501

Cuve d'un sarcophage :
Le Christ ; Pierre ; Paul ; Apôtres.
Toulouse, Saint-Michel-du-Touch.
Fin du IVᵉ ou début du Vᵉ siècle.
Inv. Ra 809 A

des arcs cuspidiens d'un portique rythmé de colonnes torses. Arcature et collège apostolique se poursuivent sur les petites faces. Dans les écoinçons se développent des tiges végétales nées de vases à pied posés au-dessus des colonnettes. Le couvercle posé sur cette cuve est sans doute le sien. Il avait servi de linteau à l'une des portes de l'ancienne église de la Daurade : au XVIIIᵉ siècle, il était considéré comme le tombeau de la reine Pédauque (Ragnahild, épouse du roi wisigoth Euric). Cuve et couvercle auraient donc été dissociés après l'enlèvement de leur nécropole d'origine – inconnue – et peut-être d'autres remplois. Le tableau central du couvercle montre Jésus ressuscitant un individu sur son tombeau : Lazare ou le fils de la veuve de Naïn. Dans les six autres tableaux, le Christ apparaît au moins deux fois au milieu de ses disciples : à gauche transformant l'eau en vin lors des noces de Cana, à droite multipliant les pains. Une fois de plus, les thèmes de l'eucharistie et de la résurrection sont mis en exergue.

Sur la troisième cuve (de Saint-Michel-du-Touch), Christ et apôtres ont pris place à l'intérieur de niches sur lesquelles alternent des arcs semi-circulaires en débord sur les piédroits et d'autres en accolade dont la pointe est marquée d'une sorte de feuille de lierre. Les écoinçons sont ornés de doubles volutes. Les niches sont séparées par des colonnes dont le cylindre est à peine suggéré. Ce cadre architectural original, aux effets illusionnistes réussis, paraît s'inspirer des décors de la peinture romaine. Il n'anime pas les petites faces du sarcophage, où de simples encadrements rectangulaires limitent les images : le sacrifice d'Abraham, dont le sens a déjà été précisé, et un cep

de vigne, probablement allégorique. L'Évangile de Jean (15, 1-11) ne fait-il pas dire au Christ : « Je suis la véritable vigne et mon père en est le vigneron […] et vous en êtes les rameaux » ? Si tous ces sujets et leur incorporation à une architecture qui divise l'espace renvoient à nombre de sarcophages de Rome ou d'Arles de la seconde moitié du IVᵉ siècle, la différence avec ceux-ci réside dans une moindre saillie de la sculpture. Éléments architectoniques et figures sont rendus dans un relief faible ou semi-méplat ; des accents graphiques traduisent désormais les rondes formes et la profondeur des plis des vêtements auxquelles on a renoncé. Plusieurs raisons expliquent cela : un travail plus rapide et donc plus économique, la moins grande habileté de sculpteurs qui essaient malgré tout de maintenir des formes classiques, un certain parti pris esthétique qui justifierait aussi dans une certaine mesure l'inclinaison assez fréquente des petits côtés des cuves.

Le plus connu des sarcophages de Toulouse – qui avait été réutilisé dans le cloître de Saint-Sernin – est constitué d'une cuve et d'un couvercle en toit qui n'étaient peut-être pas faits à l'origine l'un pour l'autre, bien que leurs somptueux décors soient en harmonie. La figuration y est restreinte aux cadres centraux des faces principales de la cuve et du couvercle. Et encore s'y mêle-t-elle au décor végétal qui envahit toutes les surfaces disponibles. Si le christianisme a apporté sa marque sur le couvercle, où le chrisme, inscrit dans une couronne de laurier, est triomphalement élevé par deux Génies nus et ailés, l'image de la cuve est plus difficilement intelligible. Dans une forêt, entre deux cavaliers descendus de leurs chevaux, un petit

Sarcophage :
scène de chasse au sanglier sur la cuve ;
deux génies élevant le chrisme sur le couvercle.
Toulouse, Saint-Sernin,
fin du IVe ou Ve siècle.
Inv. Ra 505 A

personnage attaque un sanglier de sa pique. L'identification de la chasse mythologique de Méléagre, accompagné des Dioscures, a été proposée au XIXe siècle par Edmont Le Blant, qui lui donnait une signification chrétienne : l'âme, après avoir vaincu la mort, serait introduite au ciel par Castor et Pollux. Mais cette lecture ne va pas de soi. De taille inégale, les deux cavaliers ne sont pas nus comme le veut l'iconographie païenne des héros divinisés Castor et Pollux : ils sont vêtus d'une courte tunique que portent habituellement les chasseurs. L'homme qui tue le sanglier, nu, paraît bien être le véritable héros, mais sa petitesse fait aussi simplement penser aux amours-*putti* chasseurs de certains sarcophages des IIe et IIIe siècles. Est-il une représentation symbolique du défunt ? Déchiffrer aujourd'hui, en dehors de son contexte, une telle scène ne saurait être fait de façon univoque, et l'on doit admettre plusieurs messages. Sans lui ôter tout caractère mythologique, héroïque ou chrétien, cette image eut peut-être pour objectif essentiel, selon une pratique courante au Bas-Empire, d'indiquer, à travers ses loisirs cynégétiques, l'appartenance à une classe sociale élevée de celui qui fut déposé dans le sarcophage. Dans ce tableau, on remarquera le dessin des arbres, stylisé à souhait, avec des

feuillages ciselés par un sculpteur plus entraîné à la découpe anguleuse des feuilles d'acanthe que l'on voit en bas de chacun des autres panneaux de la cuve. Sur les deux panneaux de façade, ces dernières masquent la naissance d'un double cep de vigne avec ses pampres ; sur les petits côtés, limités par les colonnettes à cannelures torses des angles, s'en échappent des enroulements feuillus à fleurons terminaux. Chacun de ces quatre panneaux a été composé différemment, sans règle de symétrie stricte. La végétation y trouve une vigueur et une liberté de croissance qui se heurtent aux cadres : ils paraissent seuls en mesure de lui imposer une limite. Que dire ici du sens de la vigne, réservée à la face principale ? Est-elle aussi celle du Seigneur et exprime-t-elle la vie de l'âme chrétienne après la mort ? Un décor aussi vivace, bien que sculpté de façon distincte, recouvre aussi trois des pans inclinés du couvercle, le quatrième étant orné d'imbrications.

Cette surabondante expression de la vie végétale, qui a son équivalent dans les mosaïques, fut très prisée. Sur nombre de sarcophages du Sud-Ouest, elle a fait reculer ou disparaître toute autre figuration. Une autre cuve provenant du cloître de Saint-Sernin, sur laquelle est posé un couvercle découvert lors d'une fouille faite en 1847 à l'est

Sarcophage: vigne sur la cuve;
tabula anépigraphe et vigne sur le couvercle.
Toulouse, Saint-Sernin,
fin du IVe ou Ve siècle.
Inv. Ra 14

Cuve de sarcophage: rinceaux d'acanthe.
Toulouse, Saint-Michel-du-Touch,
fin du IVe ou Ve siècle.
Inv. Ra 809 C

Sarcophage: rinceaux d'acanthe et lierre sur la cuve;
imbrications et grande feuille axiale sur le couvercle.
Toulouse, place Saint-Étienne,
fin du IVe ou Ve siècle.
Inv. Ra 13

du croisillon méridional du transept de Saint-Sernin, en est un exemple significatif. Sa face antérieure est divisée en trois panneaux par des pilastres cannelés et rudentés. Dans chacun d'eux, d'un cratère à anses et godrons surgissent une feuille d'acanthe et deux enroulements de vigne. Sur les petites faces, les motifs, du même genre, sont toutefois privés de canthares* et plus ambigus: à la vigne (?) se mêlent des fleurons. Le couvercle est le seul à Toulouse qui arbore une *tabula inscriptionis*, mais elle est vierge de tout texte. Celui-ci n'y fut jamais gravé; s'il y fut peint, aucune trace n'en reste.

Deux autres cuves toulousaines qui avaient aussi été réutilisées, l'une dans l'église Saint-Michel-du-Touch, l'autre dans le cimetière médiéval de la place Saint-Étienne, ont leurs trois faces sculptées entièrement recouvertes par des rinceaux d'acanthe qui décrivent leurs courbes autour de petites feuilles et de fleurs épanouies. Dans les deux cas, le décor est à double registre et s'arrête contre les pilastres qui marquent les angles des cuves. Sur la grande face de la première, les deux étages de rinceaux sont issus d'un même culot d'acanthe central; sur ses petites faces, ils prennent leur source dans des vases. Sur la seconde, les rinceaux du haut viennent d'un canthare et ceux du bas d'un culot d'acanthe; ils sont cloisonnés par une bande centrale où court une tige de lierre ondée.

Acanthe, lierre: ces vieux thèmes classiques, déjà fréquents sur les cippes funéraires du Haut-Empire, se perpétuent dans cet art encore romain du Sud-Ouest. Mais la technique du relief semi-méplat et la simplification des feuilles les imprègnent d'une saveur nouvelle. Le sarcophage de la place Saint-Étienne doit être rapproché du fameux linteau de Thézels (musée de Cahors) ou d'une pièce analogue remployée dans le portail de l'Apocalypse de l'abbatiale de Moissac. Sur les trois œuvres, les rinceaux sont traités de la même façon, à croire qu'ils l'ont été par le ciseau d'un même sculpteur. L'artiste créateur du sarcophage aurait donc travaillé aussi pour des décors architecturaux. On n'en regrettera que plus encore la disparition des églises et des monuments funéraires toulousains de cette époque.

D'autres sarcophages et fragments témoins de cet art si singulier sont exposés et ne peuvent ici être longuement commentés. Une cuve d'origine inconnue est régulièrement divisée en panneaux rectangulaires où alternent des doubles ceps de vigne et des arbres ou «candélabres végétaux». La vigne encore, dans des canthares ou en plants, croît sur une belle cuve découverte près de l'église Saint-Martin-de-Luffiac, à Auterive (Haute-Garonne). Originale y est la joyeuse ronde des dauphins pris dans la

Cuve de sarcophage : «candélabres végétaux» et ceps de vigne.
Origine inconnue,
fin du IVe ou Ve siècle.
Inv. Ra 769

Cuve de sarcophage,
détail : chrisme
aux dauphins.
Saint-Martin-
de-Luffiac,
Auterive
(Haute-Garonne),
fin du IVe
ou Ve siècle.
Inv. 67.9.2

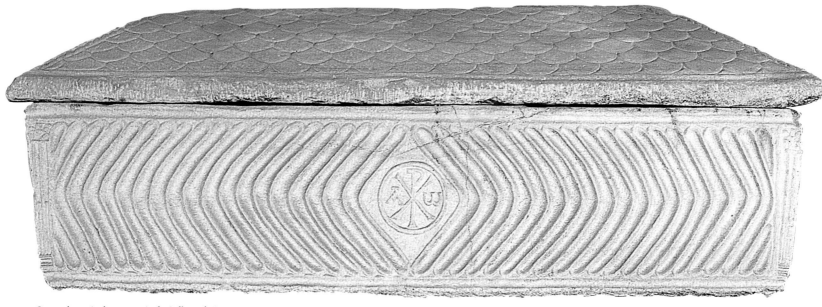

Sarcophage à chevrons timbré d'un chrisme.
Saint-Cizy, Cazères (Haute-Garonne),
IVᵉ ou Vᵉ siècle.
Inv. Ra 763

couronne fleurie qui entoure le chrisme central ou qui bondissent en dessous. Dans l'Antiquité païenne, ces animaux marins étaient admirés et respectés pour être dotés d'une intelligence supérieure. Leur symbolisme fut d'une grande richesse et le christianisme conserva leur image comme celle de l'esprit, de l'âme qui fuit le corps au moment de la mort et rejoint Dieu. Cette vision des âmes dans l'au-delà est précisée par les rideaux relevés qui laissent l'œil pénétrer dans le domaine divin. Le chrisme est très fréquent sur ces sarcophages du Sud-Ouest: il y est aussi associé à des décors géométriques, parmi lesquels dominent les chevrons cannelés et les imbrications d'écailles. Sur d'autres, il est le seul motif lisible en dehors des pilastres ou colonnettes d'angle. Enfin, à côté de ces sarcophages sculptés, les nécropoles étaient pleines de coffres en marbre sans aucun décor, comme le montrent ceux laissés *in situ* dans le sous-sol du musée.

Daniel Cazes

La verrerie funéraire

La technique du verre soufflé, découverte en Syrie au cours du troisième quart du Ier siècle av. J.-C., s'est diffusée au cours du siècle suivant dans tout le bassin méditerranéen. En Gaule même, de nombreux ateliers produisirent en grande quantité des récipients aux formes multiples, destinés aussi bien à la conservation et à la consommation des aliments qu'à la toilette ou à la pharmacopée. La fragilité du matériau a rarement permis la découverte de vases entiers dans les structures d'habitat. C'est leur utilisation en contexte funéraire qui a favorisé leur sauvegarde. Souvent, l'urne globulaire, avec ou sans anses, réservée au stockage de légumes ou de fruits secs, a servi de réceptacle aux cendres du défunt. Ce fut le cas pour celle présentée ici, qui garde encore son contenu accompagné d'un fragment de plaque de plomb dont on peut supposer qu'une inscription propitiatoire y était peinte. L'urne cinéraire était ensuite protégée par un coffre de pierre ou de briques. Quel que soit le rite choisi, incinération ou inhumation, d'autres vases étaient déposés dans la tombe. Ils contenaient les offrandes faites au mort, qu'il s'agisse de parfums ou d'huiles parfumées, contenus dans les balsamaires* ou les aryballes*, ou bien de denrées alimentaires, lait, miel, fruits, etc., placées dans des coupelles, pots et flacons de toutes sortes. La grande fusaïole* renflée en son centre, découverte dans une tombe toulousaine, est plus rare. Elle devait contenir du vin et semble avoir eu, contrairement aux autres, un usage exclusivement funéraire.

E.U.

Verrerie romaine : la plupart des objets sont de provenance inconnue.

Casimir Barrière-Flavy

(1863-1927)

Né à Toulouse le 21 mars 1863, Casimir Bonaventure Barrière-Flavy est issu d'une famille aisée de l'Ariège. Il effectua la première partie de sa scolarité à Pamiers, avant d'intégrer le lycée de Toulouse puis la faculté de droit. Avocat de formation, il se passionna pour l'archéologie et l'histoire, et concentra ses recherches sur le sud-ouest de la France. Ses travaux portèrent tout particulièrement sur la période alors si méconnue du haut Moyen Âge. Ils se concrétisèrent par la publication de deux ouvrages : *Étude sur les sépultures barbares du Midi et de l'Ouest de la France : industrie wisigothique* (1892) et *Les Arts industriels des peuples barbares de la Gaule du Ve au VIIIe siècle : étude archéologique, historique et géographique* (1901). Grand collectionneur, il donna en 1919 sa «collection d'objets wisigoths et francs de l'époque des invasions barbares» à la Société archéologique du midi de la France, afin qu'ils «soient conservés et exposés convenablement au Musée Saint-Raymond» [extraits de la lettre de C. Barrière-Flavy (décembre 1919, archives du musée Saint-Raymond) par laquelle il fait connaître au président de la Société archéologique du midi de la France son intention de faire don de sa collection]. Quelques années auparavant, en 1901, il les avait présentés en ce lieu en restituant les tombes d'une femme et d'un guerrier francs.

Membre de nombreuses sociétés savantes françaises et étrangères, Casimir Barrière-Flavy peut être considéré comme l'un des grands érudits de son temps.

L.M.

Portrait de Casimir Barrière-Flavy.
Archives de la Société archéologique
du Midi de la France.

La décoration des plaques-boucles de ceinturon de l'époque mérovingienne

Le musée Saint-Raymond conserve une série de plaques-boucles que les spécialistes définissent comme appartenant au «type aquitain» qui se développe au VIIe siècle. Celui-ci se caractérise par deux types de production : les plaques en bronze étamé, dont le décor se détache sur un champ de pointillés et celles en bronze champlevé.

L'étamage consiste à appliquer à chaud de l'étain sur la plaque, qui présente alors un bel aspect argenté accrochant tout particulièrement la lumière. Seule la face décorée est étamée, à l'exception des bossettes, ce qui donne un effet polychrome. La garniture découverte à Manses (Ariège) en offre un exemple tout à fait remarquable.

La grande plaque-boucle mise au jour à Revel (Haute-Garonne) permet d'illustrer la technique du bronze champlevé avec remplissage d'émail. Le terme d'émail est ici impropre, car il s'agit en fait d'un alliage à base de plomb et d'étain qui venait combler des dépressions réservées dans la plaque au moment de la fonte. Très abîmé, il présente aujourd'hui un aspect grisâtre qui ne rend plus compte des couleurs originelles : rouge, vert ou jaune. On remarquera sur cette même plaque que de petits fils d'argent recourbés ont été insérés dans l'émail, accentuant encore l'aspect décoratif.

Propre aux artisans du Nord de la France, la damasquinure – art de plaquer et d'incruster de l'argent ou du laiton sur une structure en fer – a été employée pour la plaque découverte à Saint-Félix-Lauragais (Haute-Garonne). Son décor damasquiné en laiton – très lacunaire, il est vrai – a été révélé lors de la restauration, la plaque n'étant auparavant qu'un amas de matière corrodée. Cet objet est exceptionnel dans nos collections.

L.M.

Garniture de ceinturon découverte à Manses (Ariège) comprenant
une plaque, une contre-plaque, une boucle et un ardillon.
Inv. 24008A, 24008B et 25123A

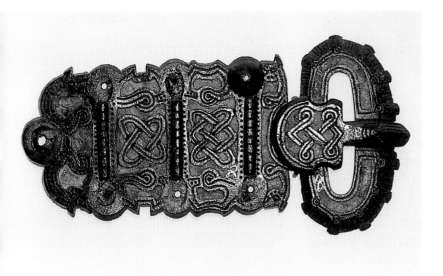

Plaque-boucle provenant de Revel (Haute-Garonne).
Inv. 24005

Plaque-boucle découverte à Saint-Félix-Lauragais (Haute-Garonne).
Inv. 25058

Les représentations humaines sur les plaques-boucles de type aquitain

Cinq plaques-boucles de la collection présentent des figurations humaines: bossettes anthropomorphes ou petits personnages ornant le champ de la plaque. Les types de masques humains sont variés. Sur certaines bossettes – plaques de Brousse (Tarn) et de Lasserre-de-Prouille (Aude) –, les traits du visage sont à peine esquissés. En revanche, pour la plaque découverte à Saint-Léon (Haute-Garonne) et surtout pour le fragment provenant de Bressols (Tarn-et-Garonne), l'artisan a réalisé un travail plus précis: la coiffure, les yeux, le nez, le menton, sont bien apparents mais restent très stylisés. Ces visages rappellent un relief sculpté conservé au musée Carnavalet (Paris) représentant une tête d'homme traitée en ronde bosse (P. Périn, *Collections mérovingiennes*, Paris, musée Carnavalet, coll. «Catalogues d'art et d'histoire du musée Carnavalet», n° 2, 1985, p. 591, n° 636). On y retrouve la même «coiffure au bol», marquée par des stries verticales, et un nez droit et plat.

Deux hommes, sur la plaque provenant peut-être du Tarn-et-Garonne, sont inclus chacun dans un compartiment. D'aspect longiligne, ils sont représentés nus, les bras le long du corps. Mains et têtes sont disproportionnées. Seuls deux gros yeux animent le visage. L'objet d'une telle représentation reste mystérieux.

On pourrait s'étonner pour les plaques décrites ici d'une telle schématisation dans la représentation du corps humain, comme si les artisans n'avaient plus su ou voulu imiter la nature. En fait, ce phénomène semble s'être amorcé dès l'essor du christianisme, à un moment où la réalité spirituelle prit le pas sur la réalité matérielle.

L.M.

Plaque découverte près de Brousse (Tarn).
Inv. 24020

Fragment de plaque découvert à Bressols (Tarn et Garonne).
Inv. 25088

Plaque découverte à Lasserre-de-Prouille (Aude).
Inv. 24012

Plaque découverte à Saint-Léon (Haute-Garonne).
Inv. 24013

Plaque provenant peut-être du Tarn-et-Garonne.
Inv. 85.1.1

Plaque provenant peut-être du Tarn-et-Garonne : détail.
Inv. 85.1.1

ANNEXES

BIBLIOGRAPHIE SÉLECTIVE

Catalogues des collections d'antiquités du musée Saint-Raymond

Catalogue des tableaux et autres monumens [*sic*] *des arts, formant le Museum provisoire établi à Toulouse*, Toulouse, imp. P.B.A. Robert, an III [22 septembre 1794-21 septembre 1795].

Catalogue des tableaux et autres monumens [*sic*] *des arts formant le Museum provisoire établi à Toulouse, et qui est ouvert au public tous les quintidis et décadis de l'année*, 2ᵉ éd. revue, corrigée et augmentée, Toulouse, imp. P.B.A. Robert, an IV [23 septembre 1795-21 septembre 1796].

Catalogue des tableaux et autres monumens [*sic*] *des arts, formant le Museum provisoire établi à Toulouse, et qui est ouvert au public tous les quintidis et décadis de l'année*, 3ᵉ éd. revue, corrigée et augmentée, Toulouse, s.n., an V [22 septembre 1796-21 septembre 1797].

Catalogue des tableaux et autres monumens [*sic*] *des arts, formant le Museum provisoire établi à Toulouse et qui est ouvert au public tous les quintidis et décadis de l'année*, 4ᵉ éd. revue, corrigée et augmentée, Toulouse, imp. P.B.A. Robert, an VIII [23 septembre 1799-22 septembre 1800].

Notice des tableaux, statues, bustes, dessins, etc. composant le musée de Toulouse, Toulouse, imp. J.-A. Caunes, an XIII-1805.

LUCAS (Jean-Paul), *Catalogue critique et historique des tableaux et autres monuments des arts du Musée de Toulouse*, 5ᵉ éd., Toulouse, imp. J.-A. Caunes, 1806.

Notice des tableaux, statues, bustes, etc. composant le musée de Toulouse, Toulouse, Douladoure, 1813.

Notice des tableaux, statues, bustes, bas-reliefs et antiquités composant le musée de Toulouse, Toulouse, s.n., s.d. [1818 ou 1820].

DU MÈGE (Alexandre), *Notice des monuments antiques et des objets de sculpture moderne conservés dans le musée de Toulouse*, Toulouse, Douladoure, 1828, 144 p.

DU MÈGE (Alexandre), *Description du Musée des Antiques de Toulouse*, Paris, Librairie Levrault, 1835, 262 p.

ROUMEGUÈRE (Casimir), *Description des médailles grecques et latines du musée de la ville de Toulouse précédée d'une introduction à l'étude des médailles antiques*, Paris, Librairie Victor Didron, 1858, 211 p.

ROSCHACH (Ernest), *Musée de Toulouse : catalogue des antiquités et objets d'art*, Toulouse, imp. Viguier, 1865, 488 p.

ROSCHACH (Ernest), *Catalogue des musées archéologiques de la Ville de Toulouse : musée des Augustins, musée Saint-Raymond*, Toulouse, s.n., 1892, 488 p.

RACHOU (Henri), *Catalogue des collections de sculpture et d'épigraphie du Musée de Toulouse*, Toulouse, Privat, 1912, 410 p.

PIERFITTE (Georges), *Les monnaies grecques du Musée Saint-Raymond de Toulouse*, Toulouse/Paris, Privat/Didier, 1939, 166 p.

REY-DELQUÉ (Monique*)*, *Les figurines gallo-romaines en terre cuite blanche du Musée Saint-Raymond*, Toulouse, Ville de Toulouse, 1985, 64 p.

L'art grec au Musée Saint-Raymond : catalogue raisonné d'une partie de la collection, Toulouse, musée Saint-Raymond, 1993, 171 p.

Les monnaies d'or des musées de Toulouse. Monnaies et médailles des musées Saint-Raymond et Paul-Dupuy, Toulouse, musée Saint-Raymond/musée Paul-Dupuy, 1994, 289 p.

BALTY (Jean Charles), CAZES (Daniel*)*, *Portraits impériaux de Béziers. Le groupe statuaire du forum*, Toulouse, musée Saint-Raymond, 1995, 136 p.

Catalogues des expositions temporaires présentées par le musée Saint-Raymond

LABROUSSE (Jacqueline), *Toulouse antique. Dix ans de recherches officielles*, Toulouse, musée Saint-Raymond, 1978, 39 p., 20 pl.

VERNHET (Alain), *La Graufesenque : un atelier de céramiques gallo-romain*, Toulouse, musée Saint-Raymond, 1979, 36 p., 22 pl.

BARRIÈRE (Claude), PAJOT (Bernard), *Les grandes étapes de la Préhistoire*, Toulouse, musée Saint-Raymond, 1980, 42 p., 40 pl.

PAJOT (Bernard), *La nécropole protohistorique du Frau (Cazals, Tarn-et-Garonne)*, Toulouse, musée Saint-Raymond, 1980, 47 p., 20 pl.

Chypre : les travaux et les jours, Paris, Association française d'action artistique, 1982, 64 p.

Cahiers archéologiques de Midi-Pyrénées (I), Toulouse, musée Saint-Raymond, 1983, 159 p.

Trésors monétaires trouvés à Lectoure, Toulouse, musée Saint-Raymond, 1983, 60 p.

UGAGLIA (Évelyne), *Aspects de l'art des Étrusques : œuvres des musées Saint-Raymond et Ingres*, Toulouse, musée Saint-Raymond, 1986, 21 p.

Le mégalithisme en Midi-Pyrénées, Toulouse, musée Saint-Raymond, 1986, 15 p.

CAZES (Quitterie) *et al.*, *L'ancienne église Saint-Pierre-des-Cuisines : présentation des fouilles archéologiques*, Toulouse, musée Saint-Raymond, 1986, 16 p.

Les gladiateurs, Lattes, musée archéologique Henri-Prades, 1987, 191 p.

Amphithéâtres romains. Les « Arènes » de Toulouse-Purpan, Toulouse, musée Saint-Raymond, 1987, 63 p.

Le trésor de Garonne (IIᵉ siècle après J.-C.) : des monnaies dans la « grave », Nantes, Musées départementaux de Loire-Atlantique, 1987, 95 p.

*De l'âge du fer aux temps barbares : dix ans de recherches archéologiques en Midi-Pyréné*es, Toulouse, musée Saint-Raymond, 1987, 167 p.

Palladia Tolosa, *Toulouse romaine*, Toulouse, musée Saint-Raymond, 1988, 191 p., 1 plan.

Toulouse et l'Antiquité retrouvée au XVIIIᵉ siècle, Toulouse, musée Saint-Raymond, 1989, 54 p.

Saint-Sernin de Toulouse : trésors et métamorphoses. Deux siècles de restaurations (1802-1989), Toulouse, musée Saint-Raymond, 1989, 260 p.

Le cirque romain, Toulouse, musée Saint-Raymond, 1990, 142 p.

Art grec : de la terre à l'image, Toulouse, musée Saint-Raymond, 1990, 145 p.

CAZES (Daniel), *Le Musée Saint-Raymond : 1892-1992*, Toulouse, musée Saint-Raymond, 1992, 55 p.

Le regard de Rome : portraits romains des musées de Mérida, Toulouse et Tarragona, Mérida/Toulouse/Tarragona, Museo Nacional de Arte Romano/musée Saint-Raymond/Museu Nacional Arqueològic, 1995, 287 p.

Archéologie toulousaine (Antiquité et haut Moyen Âge) : découvertes récentes, 1988-1995, Toulouse, musée Saint-Raymond, 1995, 204 p.

Ouvrages généraux

ANDREAE (Bernard), *L'art de l'ancienne Rome*, Paris, Mazenod, coll. « L'art et les grandes civilisations », n° 4, 1998, 640 p.

BARATTE (François), *Histoire de l'art antique : l'art romain*, Paris, École du Louvre/Réunion des musées nationaux/Documentation française, coll. « Manuels de l'École du Louvre », 1996, 331 p.

BIANCHI BANDINELLI (Ranuccio*), Rome, le centre du pouvoir : l'art romain des origines à la fin du deuxième siècle*, Paris, Gallimard, coll. « L'univers des formes », n°19, 1969, 437 p.

BIANCHI BANDINELLI (Ranuccio*), Rome, la fin de l'art antique : l'art romain de Septime Sévère à Théodose Ier*, Paris, Gallimard, coll. « L'univers des formes », n° 17, 1970, 462 p.

BRUNEAU (Philippe), TORELLI (Mario), BARRAL I ALTET (Xavier*), La sculpture : le prestige de l'Antiquité du VIIIe siècle avant J.-C. au Ve siècle après J.-C.*, Genève, Skira, coll. « Histoire d'un art », 1991, 253 p.

CHARBONNEAUX (Jean), *La sculpture grecque classique*, Paris, Éditions de Cluny, coll. « Collection d'art de Cluny », n° 3, 1958, 2 vol.

CHARBONNEAUX (Jean), MARTIN (Roland), VILLARD (François), *Grèce classique : 430-330 avant J.-C.*, Paris, Gallimard, coll. « L'univers des formes », n° 16, 1969, 422 p.

CHARBONNEAUX (Jean), MARTIN (Roland), VILLARD (François), *Grèce hellénistique : 330-50 avant J.-C.*, Paris, Gallimard, coll. « L'univers des formes », n° 18, 1987, 493 p.

GRABAR (André), *Le premier art chrétien*, Paris, Gallimard, coll. « L'univers des formes », n° 9, 1966, 325 p.

GRENIER (Albert), *Manuel d'archéologie gallo-romaine*, Paris, Picard, 1958-1960, 4 vol.

GRIMAL (Pierre), *Dictionnaire de la mythologie grecque et romaine*, Paris, Presses universitaires de France, 1988, 574 p.

HANNESTAD (Niels), *Roman Art and Imperial Policy*, Aarhus, Aarhus University Press, 1988, 481 p.

HASKELL (Francis), PENNY (Nicholas), *Pour l'amour de l'art antique : la statuaire gréco-romaine et le goût européen (1500-1900)*, Paris, Hachette, coll. « Bibliothèque d'archéologie », 1988, 415 p.

HOLTZMANN (Bernard), PASQUIER (Alain), *Histoire de l'art antique : l'art grec*, Paris, Réunion des musées nationaux/Documentation française, coll. « Manuels de l'École du Louvre », 1998.

KLEINER (Diana E.E.), *Roman Sculpture*, Londres, Yale University Press, 1992, 477 p.

Lexicon iconographicum mythologiae classicae (LIMC), Zurich, Artemis Verlag, 1981-1997, 8 tomes (16 vol.).

MIELSCH (Harald), *La villa romana*, Firenze, Giunti, 1990, 207 p.

PAPAIONNOU (Kostas), BOUSQUET (Jean), *L'art grec*, Paris, Citadelles et Mazenod, coll. « L'art des grandes civilisations », n° 3, 1993, 651 p.

PICARD (Charles), *La sculpture antique de Phidias à l'ère byzantine*, Paris, Librairie Renouard, H. Laurens éd., coll. « Manuels d'histoire de l'art », 1926, 552 p.

PICARD (Charles), *Manuel d'archéologie grecque : la sculpture*, Paris, Picard, 1935-1966, 5 tomes (6 vol.).

PICARD (Gilbert-Charles), *L'art romain*, Paris, Presses universitaires de France, 1962.

REINACH (Salomon), *Répertoire de la statuaire grecque et romaine*, Paris, Levroux, 1897, 6 tomes (9 vol.).

REINACH (Salomon), *Répertoire des reliefs grecs et romains*, Paris, Leroux, 1909-1912, 2 tomes.

ROLLEY (Claude), *La sculpture grecque des origines au milieu du Ve siècle*, Paris, Picard, coll. « Les manuels d'art et d'archéologie antiques », 1994, 438 p.

SCARRE (Chris*), Chronique des empereurs romains : histoire chronologique des souverains de la Rome impériale*, Paris, Casterman, 1995, 240 p.

TURCAN (Robert), *L'art romain dans l'histoire : six siècles d'expression de la romanité*, Paris, Flammarion, 1995, 383 p.

ZOSSO (François), ZING (Christian), *Les empereurs romains (27 av. J.-C.-476 ap. J.-C.)*, Paris, Errance, coll. « Collection des Hespérides », 1994, 253 p.

Tolosa en Narbonnaise

BACCRABÈRE (Georges), *Le rempart antique de l'Institut catholique de Toulouse*, Toulouse, Institut catholique, coll. « Supplément au *Bulletin de littérature ecclésiastique* », 1974, 83 p.

BACCRABÈRE (Georges), *Étude de Toulouse romaine : à propos d'une maquette à l'Institut catholique*, Toulouse, Institut catholique, coll. « Supplément au *Bulletin de littérature ecclésiastique* », 1977, 177 p.

BACCRABÈRE (Georges), *Le sanctuaire rural antique d'Ancely, commune de Toulouse*, Toulouse, Institut catholique, coll. « Chronique », n° 1, « Supplément au *Bulletin de littérature ecclésiastique* », 1988, 559 p., 16 pl.

BELHOMME (G.), « Rapport et observations concernant d'antiques ornements en or trouvés au territoire de Fenouillet, près Toulouse », *Mémoires de la Société archéologique du midi de la France*, 1840-1841, tome IV, p. 375-392, pl. XVII-XIX.

BOUDARTCHOUK (Jean-Luc), « Le *Locus* de la première sépulture de l'évêque Saturnin de Toulouse : un état de la question », *Mémoires de la Société archéologique du midi de la France*, 1994, tome LIV, p. 59-69.

BOUDARTCHOUK (Jean-Luc), ARRAMOND (Jean-Charles), «Le souvenir du *Capitolium* de Toulouse à travers les sources de l'Antiquité tardive et du Moyen Âge », *Archéologie du Midi médiéval*, 1993, tome 11, p. 3-39.

BOUDARTCHOUK (Jean-Luc), ARRAMOND (Jean-Charles), « Le *Capitolium* de *Tolosa* ? Les fouilles du parking Esquirol. Premiers résultats et essai d'interprétation », *Gallia*, 1997, tome 54, p. 203-238.

BOUDET (Richard), *Rituels celtes d'Aquitaine*, Paris, Errance, coll. « Archéologie aujourd'hui », 1996, 123 p.

BRUNAUX (Jean-Louis), *Les religions gauloises*, Paris, Errance, 1996, 216 p.

CABIÉ (Edmond), « Bijoux antiques en or découverts à Lasgraïsses », *Revue historique du département du Tarn*, 1885, p. 258-262.

CALLU (Jean-Pierre), Genio Populi Romani *(295-316). Contribution à une histoire numismatique de la Tétrarchie*, Paris, Librairie Honoré-Champion, 1960, 134 p.

CAZES (Quitterie), *Le quartier canonial de la cathédrale Saint-Étienne de Toulouse*, Carcassonne, Centre d'archéologie médiévale du Languedoc, coll. « Archéologie du Midi médiéval », supplément n°2, 1998, 194 p.

Celti (I) : exposition en 1991, Venise, Palazzo Grassi, Milano, Bompiani, 1991, 795 p.

FILIPPO (Raphaël de), « Nouvelle définition de l'enceinte romaine de Toulouse », *Gallia*, 1993, tome 50, p. 181-204.

GAYRAUD (Michel), *Narbonne antique des origines à la fin du IIIᵉ siècle*, Paris, De Boccard, « Supplément à la *Revue archéologique de Narbonnaise* », n° 8, 1981, 591 p.

HATT (Jean-Jacques), *Mythes et dieux de la Gaule : les grandes divinités masculines*, Paris, Picard, 1989, 286 p.

HAUTENAUVE (Hélène), *Les torques d'or en Gaule indépendante. Mémoire en vue de l'obtention de la maîtrise d'Histoire de l'art et d'Archéologie*, Université de Poitiers, 1995, 88 p., 55 pl.

HOZ (Javier de), « Amphores gréco-italiques à *Tituli Picti* ibériques de Vieille-Toulouse », *Les Ibères : exposition 1997-1998, Paris, Galeries nationales du Grand Palais*, Paris, Association française d'action artistique, 1997, p. 271, notice n° 99.

KÜPPER-BÖHM (Annette), *Die römischen Bogenmonumente der* Gallia narbonensis *in ihrem urbanen Kontext*, Espelkamp, Verlag Marie Leidorf, coll. « Kölner Studien zur Archäologie der römischen Provinzien », n° 3, 1996, 193 p., 44 pl.

LABROUSSE (Michel), *Toulouse antique des origines à l'établissement des Wisigoths*, Paris, De Boccard, coll. « Bibliothèque des Écoles françaises d'Athènes et de Rome », n° 212, 1968, 644 p.
Dans cet ouvrage figure toute la bibliographie antérieure. Compléter notamment avec les catalogues d'expositions suivants : *De l'âge du fer aux temps barbares, dix ans de recherches archéologiques en Midi-Pyrénées* ; Palladia Tolosa, *Toulouse romaine* ; *Archéologie toulousaine (Antiquité et haut Moyen Âge) : découvertes récentes, 1988-1995.*

MAURIN (Louis), PAILLER (Jean-Marie) (éd.), *La civilisation urbaine de l'Antiquité tardive dans le Sud-Ouest de la Gaule. Actes du IIIᵉ colloque Aquitania et des XVIᵉ journées d'archéologie mérovingienne, Toulouse, 23-24 juin 1995*, Bordeaux : Fédération Aquitania, coll. « Aquitania », n° 14, 1996, 295 p.

MORET (Pierre), « Le nom de Toulouse », *Pallas*, 1996, tome 44, p. 7-23.

MORVILLEZ (Éric), « La salle à absides de la villa de Saint-Rustice (Haute-Garonne) et son décor marin », *Mémoires de la Société archéologique du midi de la France*, 1997, tome LVII, p. 11-34.

SCELLÈS (Maurice), « L'ancienne église Notre-Dame la Daurade à Toulouse : essai de présentation critique », *Mémoires de la Société archéologique du midi de la France*, 1993, tome LIII, p. 133-144.

SENNEQUIER (Geneviève) *et al.*, *Les verres romains à scènes de spectacles trouvés en France*, s. l., Association française pour l'archéologie du verre, 1998, 167 p.

VIDAL (Michel), « La vaisselle tardo-républicaine en Gaule du Sud-Ouest. Chronologie et fonction, d'après les contextes clos », FEUGÈRE (Michel), ROLLEY (Claude) (éd.), *La vaisselle tardo-républicaine en bronze : actes de la table-ronde du CNRS, 26-28 avril 1990, Lattes*, Dijon, Université de Bourgogne, coll. « Centre de recherches sur les techniques gréco-romaines », n° 13, 1991, p. 169-191.

Les sculptures antiques de Chiragan

ALFÖLDI-ROSEMBAUM (Elisabeth), « Portrait Bust of a Young Lady of the Time of Justinian » et, en appendice, « Portrait Head of a Woman in Toulouse », *Metropolitan Museum Journal*, 1968, vol. 1, p. 19-40.

BALTY (Janine), « Un nouveau portrait de Septime Sévère », *Hommages à Albert Grenier*, Bruxelles, 1962, p. 187-196.

BALTY (Janine), *Les premiers portraits de Septime Sévère. Problèmes de méthode*, Bruxelles, Société d'études latines, coll. « Latomus », n° XXIII, 1964.

BALTY (Janine), *Essai d'iconographie de l'empereur Clodius Albinus*, Bruxelles, Société d'études latines, coll. « Latomus », n° LXXXV, 1966, 68 p., 12 pl.

BALTY (Jean Charles), « Style et facture. Notes sur le portrait romain du IIIᵉ siècle de notre ère », *Revue archéologique*, 1983, fasc. 2, p. 301-315.

BASTIEN (Pierre), *Le buste monétaire des empereurs romains*, Wetteren, éd. Numismatique romaine, coll. « Numismatique romaine », n° XIX, 1992-1994, 3 tomes.

BERGMANN (Marianne), *Marc Aurel*, Frankfurt am Main, Liebieghaus, coll. « Liebieghaus Monographie », n° 2, 1978, 48 p.

BERGMANN (Marianne), « Un ensemble de sculptures de la villa romaine de Chiragan, œuvre de sculpteurs d'Asie Mineure, en marbre de Saint-Béat ? », *Les marbres blancs des Pyrénées : approches scientifiques et historiques*, Saint-Bertrand-de-Comminges, Musée archéologique départemental, coll. « Entretiens d'archéologie et d'histoire », 1995, p. 197-205.

BERNOULLI (J.-J.), *Römische Ikonographie*. II : *Die Bildnisse der römischen Kaiser*, 2 : *Von Galba bis Commodus*, Stuttgart/Berlin, Librairie von W. Spemann, 1891.

BERNOULLI (J.-J.), *Römische Ikonographie*. II : *Die Bildnisse der römischen Kaiser*, 3 : *Von Pertinax bis Theodosus*, Stuttgart/Berlin, Librairie von W. Spemann, 1894.

BOSCHUNG (Dietrich), *Die Bildnisse des Augustus*, Berlin, Gebr. Mann Verlag, coll. « Das römische Herrscherbild », n° 2, 1993, 237 p., 239 pl.

BOUBE (Jean), *Musée archéologique de Martres-Tolosane*, [catalogue des moulages, originaux présentés dans le Donjon de Martres et notes par Jean Boube], Martres, s.d., 40 p.

BRAEMER (François), « Les portraits antiques trouvés à Martres-Tolosane », *Bulletin de la Société nationale des antiquaires de France*, 1952-1953, p. 143-148, pl. III.

BRAEMER (François), « Restauration et dérestauration des "antiques". L'exemple des sculptures de Chiragan à Martres-Tolosane conservées au musée Saint-Raymond de Toulouse », *Restaurer les restaurations. Actes du colloque organisé par la Section française de l'ICOMOS, Toulouse, 1980*, Paris, 1981, p. 53-61.

BRAEMER (François), « Le portrait impérial et son rôle dans la propagande impériale et dans le maintien de la stabilité du gouvernement de l'Empire », *Wissenschaftliche Zeitschrift der Humboldt-Universität zu Berlin, Ges.-Sprachw.*, 1982, R. XXXI, n° 2/3, p. 163-165.

BUDDE (Ludwig), *Jugendbildnisse des Caracalla und Geta*, Münster, Aschendorffsche Verlagsbuchhandlung, 1951, 54 p., 26 pl.

CARANDINI (Andrea), *Vibia Sabina. Funzione politica, iconografia e il problema del classicismo adrianeo*, Firenze, Leo S. Olschki Editore, coll. « Accademia Toscana di Scienze e Lettere 'La Colombaria' », n° XIII, 1969, 440 p.

CASTELLANE (Marquis de), « Fragments en marbre blanc tirés en 1842 et 1843 des fouilles de Martres », *Mémoires de la Société archéologique du midi de la France*, 1841-1847, tome V.

CLARAC (Comte Frédéric de), *Musée de sculpture antique et moderne […]*, Paris, Imprimerie royale, 1841-1851, 6 vol. de texte, 6 vol. de planches.

COSTES (V.), BELHOMME (G.), CHAMBERT (E.), VITRY (U.), « Rapport sur les nouvelles fouilles de Martres », *Mémoires de la Société archéologique du midi de la France*, 1841-1847, tome V, p. 113-119, pl. V.

DALTROP (Georg), *Die stadtrömischen männlichen Privatbildnisse trajanischen und hadrianischen Zeit*, Münster, Selbstverlag, 1958.

DALTROP (Georg), BOL (Peter C.), *Athena des Myron*, Frankfurt am Main, Liebieghaus, coll. « Liebieghaus Monographie », n° 8, 1990, 81 p.

DU MÈGE (Alexandre), « Recherches sur *Calagurris* des *Convenae* », *Mémoires de l'Académie des sciences, inscriptions et belles-lettres de Toulouse*, tome II, 1823-1827, p. 346-441.

ESPÉRANDIEU (Émile), LANTIER (Raymond), *Recueil général des bas-reliefs, statues et bustes de la Gaule romaine*, Paris, 1907-1966, 13 vol.

FITTSCHEN (Klaus), « Bemerkungen zu den Porträts des 3. Jahrhunderts nach Christus », *Jahrbuch des deutschen archäologischen Instituts*, 1969, vol. 84, p. 197-236.

FITTSCHEN (Klaus), « Zum angeblichen Bildnis des Lucius Verus im Thermen-Museum », *Jahrbuch des deutschen archäologischen Instituts*, 1971, vol. 86, p. 214-252.

FITTSCHEN (Klaus), *Eikones. Studien zum griechischen und römischen Bildnis*, Bern, Francke Verlag, 1980.

FITTSCHEN (Klaus), ZANKER (Paul), *Katalog der römischen Porträts in den Capitolinischen Museen und den anderen kommunalen Sammlungen der Stadt Rom*, 1 : *Kaiser- und Prinzenbildnisse*, Mayence, Verlag von Zabern, 1985, 184 p. et 254 pl.

FITTSCHEN (Klaus), ZANKER (Paul), *Katalog der römischen Porträts in den Capitolinischen Museen und den anderen kommunalen Sammlungen der Stadt Rom*, 3 : *Kaiserinnen- und Prinzessinnenbildnisse Frauenporträts*, Mayence, Verlag von Zabern, 1983, 139 p. et 232 pl.

GANTIER, *Nouvelles recherches sur la* Calagurris *des Convenae*, Toulouse, Bonnal et Gibrac, 1869, 1 carte.

GASCOU (Jacques), TERRER (Danièle), « La présence de Tibère en Narbonnaise : les portraits et les inscriptions », *Revue archéologique de Narbonnaise*, 1996, tome 29, p. 31-67.

GRAILLOT (Henri), « La villa romaine de Martres-Tolosanes, *villa aconiana* », *Annales du Midi*, tome XX, 1908, p. 3-15.

GROS (Pierre), *La France gallo-romaine*, Paris, Nathan, 1991, p. 158, 164-166.

GROS (Pierre), *L'architecture romaine du début du IIIᵉ siècle avant J.-C. à la fin du Haut-Empire*, 1 : *Les monuments publics*, Paris, Picard, coll. « Les manuels d'art et d'archéologie antiques », 1996, 503 p.

HANNESTAD (Niels), *Tradition in Late Antique Sculpture. Conservation-Modernization-Production*, Aarhus, Aarhus University Press, coll. « Acta Jutlandica », vol. LXIX.2, série « Humanities », n° 69, 1994, 166 p.

HERMARY (Antoine), « Socrate à Toulouse », *Revue archéologique de Narbonnaise*, 1996, tome 29, p. 21-30.

JAMOT (Paul), « 'L'Athéna' de Myron au Musée de Toulouse », *Mémoires de la Société archéologique du midi de la France*, 1930, tome XVII, p. 59-70, 1 pl.

JONGSTE (Peter F.B.), *The Twelve Labours of Hercules on Roman Sarcophagi*, Roma, 'L'Erma' di Bretschneider, coll. « Studia Archaeologica », n° 59, 1992, 157 p.

JOULIN (Léon), « Les établissements gallo-romains de la plaine de Martres-Tolosane », *Mémoires présentés par divers savants à l'Académie des inscriptions et belles-lettres*, 1901, 1ᵉʳᵉ série, tome XI, 1ᵉʳᵉ partie, p. 219-514, XXV pl.

JOULIN (Léon), « Établissements antiques du bassin supérieur de la Garonne », *Revue archéologique*, 4ᵉ série, tome IX, 1907, p. 97-118 et 226-242.

JUCKER (Inès), « Die Ptolemäerin von Toulouse », *Hefte des archäologischen Seminars der Universtät Bern*, 1990, n° 13, p. 9-15, pl. 1-6.

KERSAUSON (Kate de), *Musée du Louvre : catalogue des portraits romains*, 1 : *Portraits de la République et d'époque julio-claudienne*, 2 : *De l'année de la guerre civile (68-69 après J.-C.) à la fin de l'Empire*, Paris, Réunion des musées nationaux, 1986/1996, 246 p./582 p.

KIILERICH (Bente), *Late Fourth Century Classicism in the Plastic Arts : Studies in the so-called Theodosian Renaissance*, Odense, University Press, coll. « Odense University Classical Studies », n° 18, 1993, 385 p.

LEBÈGUE (J. Albert), « Martres-Tolosane », *Revue des Pyrénées*, 1891, n° 3, p. 573-611.

LEBÈGUE (J. Albert), « Notice sur les fouilles de Martres-Tolosanes », *Bulletin archéologique du Comité des travaux historiques et scientifiques*, 1891, p. 396-423, pl. XXVI-XXX.

LE BRET, *Recueil de quelques discours et lettres écrites à des personnes studieuses sur différentes matières*, s.l., 1692, p. 57-62.

LÉCRIVAIN (Charles), « Les fouilles de Martres-Tolosanes », *Mémoires de la Société archéologique du midi de la France*, 1894-1896, tome XV, p. 7-21, 1 plan dépliant.

LONG (Charlotte R.), *The Twelve Gods of Greece and Rome*, Leiden, E. J. Brill, 1987, 372 p., CI pl.

McCANN (Anna Marguerite), *The Portraits of Septimius Severus (AD 193-211)*, Rome, American Academy in Rome, coll. « Memoirs of the American Academy in Rome », n° 30, 1968, 222 p., CV pl.

MEISCHNER (Jutta), *Das Frauenporträt der Severerzeit*, Berlin, 1964.

MEISCHNER (Jutta), « Privat Porträts der Jahre 195 bis 220 n. Chr. », *Jahrbuch des deutschen archäologischen Instituts*, 1982, vol. 97.

MEISCHNER (Jutta), « Das Porträt der theodosianischen Epoche II (400 bis 460 n. Chr.) », *Jahrbuch des deutschen archäologischen Instituts*, 1991, vol. 106.

MESPLÉ (Paul), « Raccords de marbres antiques », *Musées de France*, juillet 1948.

MESPLÉ (Paul), *De l'art des Gaules à l'art français*, Toulouse, musée des Augustins, 1956, 107 p.,16 pl.

Museo Nazionale Romano : le sculture, Rome, De Luca, 1979-1995, 12 tomes.

NOCENTINI (Simonetta), *Sculture greche, etrusche e romane nel Museo Bardini in Firenze*, Rome, 'L'Erma' di Bretschneider, coll. « Studia Archaeologica », n° 5, 1968, 82 p., 21 pl.

PAGÈS (F.), « La Vénus de Martres », *Revue archéologique du Midi*, tome II.

QUEYREL (François), « Antonia Minor à Chiragan (Martres-Tolosane, Haute-Garonne) », *Revue archéologique de Narbonnaise*, 1992, tome 25, p. 69-81.

SALVIAT (François), TERRER (Danièle), « À la découverte des empereurs romains », *Les Dossiers de l'archéologie*, février-mars 1980, n° 41, 98 p.

SCHEIBLER (Ingebord), ZANKER (Paul), VIERNEISEL (Klaus), *Sokrates in der Bildniskunst*, Munich, Glyptothèque, 1989.

SLAVAZZI (Fabrizio), Italia verius quam Provincia. *Diffusione e funzioni delle copie di sculture greche nella Gallia Narbonensis*, Naples, Edizioni Scientifiche Italiane, coll. « Pubblicazioni dell'Università degli Studi di Perugia », 1996, 268 p., 16 pl.

STIRLING (Lea Margaret), *Mythological Statuary in Late Antiquity : a Case Study of Villa Decoration in Southwest Gaul*, mémoire de thèse, Université du Michigan, 1994.

VIERNEISEL (Klaus), ZANKER (Paul), *Die Bildnisse des Augustus*, Munich, 1979.

WEGNER (Max), *Die Herrscherbildnisse in antoninischer Zeit*, Berlin, Gebr. Mann Verlag, 1939, coll. « Das römische Herrscherbild », vol. II, n° 4.

WEGNER (Max), *Hadrian, Plotina, Marciana, Matidia, Sabina*, Berlin, Gebr. Mann Verlag, 1956, coll. « Das römische Herrscherbild », vol. II, n° 3.

WEGNER (Max), « Verzeichnis der Kaiserbildnisse von Antoninus Pius bis Commodus », *Boreas*, 1979/1980, vol. II/III.

WEGNER (Max) *et al.*, *Gordianus III. bis Carinus*, Gebr. Mann Verlag, 1979, coll. « Das römische Herrscherbild », vol. III, n° 3, Berlin, Gebr. Mann Verlag, 1979.

Le sous-sol du musée

BARRIÈRE-FLAVY (Casimir), *Étude sur les sépultures barbares du Midi et de l'Ouest de la France : industrie wisigothique*, Paris/Toulouse, E. Leroux/Privat, 1892, 238 p., 35 pl.

BARRIÈRE-FLAVY (Casimir), *Les arts industriels des peuples barbares de la Gaule du Vᵉ au VIIIᵉ siècle*, Paris/Toulouse, Picard/Privat, 1901, 3 vol.

BOUBE (Jean), « Contribution à l'étude des sarcophages paléochrétiens du sud-ouest de la Gaule », *Aquitania*, 1984, tome 2, p. 175-238.

DE PALOL (Pedro), RIPOLL (Gisela), *Les Goths : Ostrogoths et Wisigoths en Occident (Vᵉ-VIIIᵉ siècle)*, Paris, Le Seuil, 1990, 322 p.

CAZES (Daniel), «Autour de la Vierge à l'Enfant sur un morceau de sarcophage paléochrétien du musée Saint-Raymond», *De la création à la restauration. Travaux d'histoire de l'art offerts à Marcel Durliat pour son 75ᵉ anniversaire*, Toulouse, Atelier d'histoire de l'art méridional, 1992, p. 29-36.

CAZES (Daniel), « Les sarcophages sculptés de Toulouse », *Antiquité tardive*, tome I : *Les sarcophages d'Aquitaine*, 1993, p. 65-74, pl. I-VII.

CAZES (Daniel), « Les sarcophages sculptés du sud-ouest de la Gaule », *Le grand atlas de l'art*, s.l., Encyclopaedia Universalis, 1993, p. 234-235.

CAZES (Quitterie), ARRAMOND (Jean-Charles), « Les fouilles du Musée Saint-Raymond », *Mémoires de la Société archéologique du midi de la France*, 1997, tome LVII, p. 35-53.

DURLIAT (Marcel), *Saint-Sernin de Toulouse*, Toulouse, Éché, 1986, 221 p.

DURLIAT (Marcel), DEROO (Christophe), SCELLÈS (Maurice), *Recueil général des monuments sculptés en France pendant le haut Moyen Âge (IVᵉ-Xᵉ s.), 4 : Haute-Garonne*, Paris, Éditions du Comité des travaux historiques et scientifiques, 1987, 187 p., CXLIX pl.

Comprend toute la bibliographie antérieure à 1987 sur les sarcophages du Sud-Ouest.

FOUET (Georges), « L'épitaphe de Nymfius », *Revue de Comminges*, 3ᵉ trimestre 1990, t. CIII, p. 305-317.

LARRIEU (Mary) *et al.*, *La nécropole mérovingienne de La Turraque : Beaucaire-sur-Baïse (Gers)*, Toulouse, imp. Lecha, 1985, 290 p., 13 pl.

LERENTER (Sophie), *Les plaques-boucles mérovingiennes en bronze de type aquitain : nouvelle approche typologique et chronologique*, mémoire de maîtrise, Paris, Université de Paris-I, 1987, 2 vol. dactylographiés.

LERENTER (Sophie), « Les motifs animaliers des plaques-boucles en bronze de type aquitain », *Actes des Xᵉ journées internationales d'archéologie mérovingienne, Metz, 20-23 octobre 1988*, s.l., Éditions Pierron, s.d., p. 55-61.

PAILLER (Jean-Marie), « L'énigme Nymfius », *Gallia*, 1986, tome 44, fasc. 1, p. 151-165.

PÉRIN (Patrick), *Collections mérovingiennes*, Paris, musée Carnavalet, coll. « Catalogues d'art et d'histoire du musée Carnavalet », n° II, 1985, 859 p.

RICHÉ (Pierre), PÉRIN (Patrick), *Dictionnaire des Francs : les temps mérovingiens*, s.l., Bartillat, 1996, 370 p.

SACAZE (Julien), *Inscriptions antiques des Pyrénées*, Toulouse, Privat, coll. « Bibliothèque méridionale », 2ᵉ série, tome 2, 1892 (réimpression 1990), 576 p.

STUTZ (Françoise), «Les objets mérovingiens de type septentrional dans la moitié sud de la Gaule », MAURIN (Louis), PAILLER (Jean-Marie) [éd.], *La civilisation urbaine de l'Antiquité tardive dans le Sud-Ouest de la Gaule. Actes du IIIᵉ colloque Aquitania et des XVIᵉ journées d'archéologie mérovingienne, Toulouse, 23-24 juin 1995*, Bordeaux, Fédération Aquitania, coll. « Aquitania», n° 14, 1996, p. 157-182.

WOLFRAM (Herwig), *Histoire des Goths*, Paris, Albin-Michel, coll. « Bibliothèque de synthèse historique : l'évolution de l'humanité », 1990, 574 p.

GLOSSAIRE

Ad sanctos:
qualifie l'inhumation pratiquée au plus près des reliques des saints.

Archonte:
magistrat d'Athènes.

Aryballe:
flacon globulaire, en verre ou en terre, muni d'un goulot et de deux anses, réservé à l'huile parfumée que l'on emportait aux thermes.

Aurige:
cocher, conducteur de char.

Balsamaire:
vase à parfum par excellence, ayant la forme d'un flacon allongé et étroit, sans anse, dont la base est souvent arrondie.

Basilique:
monument public, généralement situé sur le forum, où se traitaient les affaires judiciaires et commerciales et où se tenaient des réunions. À l'époque chrétienne, c'est une église.

Braies:
pantalons larges des Celtes.

Brontaios:
qui tient le foudre.

Caldarium:
pièce chaude des thermes.

Canthare:
vase à boire à deux anses, en métal ou en céramique, attribut privilégié de Dionysos-Bacchus.

Cavea:
ensemble des gradins d'un théâtre, d'un amphithéâtre ou d'un cirque.

Cella:
pièce d'un temple dans laquelle on plaçait la statue de la divinité.

Civitas:
territoire administratif romain.

Crepida:
sandale.

Cryptoportique:
construction enterrée formée de galeries voûtées.

Curie:
salle où se réunissait le conseil des magistrats chargés d'administrer les villes importantes.

Égide:
cuirasse en peau de chèvre.

Emporium:
place commerciale.

Engobe:
lait d'argile pure servant à recouvrir une céramique pour en masquer la couleur d'origine.

Évergétisme:
actions financées par les membres des classes aisées pour rendre service à la population (construction de monuments, organisation de spectacles…).

Fibule:
épingle de sûreté en métal servant à attacher deux pièces de vêtement.

Flamine:
prêtre attaché au culte d'une divinité, choisi parmi les membres les plus importants de la cité.

Frigidarium:
pièce froide des thermes.

Fusaïole:
flacon de verre en forme de fuseau.

Gens:
famille, groupe très étendu de personnes qui ont un même nom, le gentilice, venu d'un même ancêtre.

Gentilice:
nom de famille *(nomen)*, le deuxième en ordre dans les *tria nomina* (trois noms) des citoyens romains, après le *praenomen* (prénom) et avant le *cognomen* (surnom).

Hermès:
pilier en pierre, surmonté à l'origine de la tête du dieu Hermès et par la suite de toute autre tête.

Himation:
carré de tissu en laine servant de manteau.

Hypocauste:
système de chauffage souterrain où l'air chaud circule entre des pilettes de brique sur lesquelles repose le sol.

Imperium:
commandement militaire.

Impluvium:
bassin, relié à une citerne, qui recueille les eaux de pluie ruisselant d'un toit ouvert.

Interpretatio gallica:
manière dont les Gaulois ont superposé certaines divinités romaines à leurs propres dieux en fusionnant leurs caractéristiques.

Laconicum:
étuve.

Lambrequins:
lanières de cuir, accrochées au bas d'une cuirasse, qui protègent les cuisses.

Léonté:
peau du lion de Némée.

Ménade:
prêtresse du culte de Dionysos-Bacchus qui participe aux cérémonies nocturnes et en particulier aux transes sacrées.

Munus:
cadeau, et par extension combat de gladiateurs offert au peuple par une personnalité.

Œnochoé:
sorte de cruche, en céramique ou en métal, destinée à puiser puis à verser du liquide.

Oppidum:
habitat de hauteur protégé par des fortifications.

Palestre:
lieu des thermes où l'on pratiquait des exercices physiques.

Paludamentum:
manteau porté par les généraux romains sur leur cuirasse.

Patelle:
petit plat sacré utilisé pour répandre un liquide en offrande à une divinité ou à un défunt.

Peigné:
décor utilisé notamment pour orner les céramiques gauloises: des stries, obliques ou ondulées, sont imprimées à l'aide d'un peigne avant la cuisson.

Péplos:
tunique longue et lourde, en laine, accrochée sur les épaules et ouverte sur un côté, portée par les femmes.

Protomé:
tête et partie antérieure d'un animal, incluant ou non les pattes, servant de décoration.

Ptéryge:
petite plaque métallique d'articulation située au bas d'une cuirasse.

Quattuorvir:
magistrat gérant les affaires de la ville avec trois autres citoyens.

Questeur:
magistrat qui gérait les finances de la cité.

Sigillée:
type de céramique décorée de motifs imprimés dans des moules à l'aide de poinçons *(sigillum).*

Simpulum:
petit vase à puiser, à vasque ovoïde et à long manche soit vertical soit horizontal.

Situle:
vase métallique cylindrique, tronconique ou ovoïde, surmonté d'une anse, servant au transport de l'eau, du vin et d'autres liquides.

Spina:
massif construit au centre d'un cirque, séparant les deux pistes et supportant plusieurs monuments.

Stoa:
portique.

Tepidarium:
salle tiède des thermes.

Thyrse:
long bâton terminé par une pomme de pin, décoré de vigne, porté dans les fêtes dionysiaques par les compagnons de Dionysos-Bacchus.

Toreute:
artisan qui cisèle et sculpte le métal.

INDEX DES NOMS DE LIEUX

Actium (Grèce), 40

Agen (Lot-et-Garonne), 56, 165

Agout (rivière), 31

Aix-en-Provence (Bouches-du-Rhône), 49

Albi (Tarn), 31

Alet (Aude), 49

Alexandrie, 111

Allemagne, 56

Alphée (fleuve), 91

Amymoné, 86

Angleterre, 56

Angonia ou *Aconia* (voir Martres-Tolosane)

Aoste (Italie), 63

Apulie (Italie), 57

Aquitaine, 57, 74, 174

Arcadie (Grèce), 85

Ariège (rivière), 27, 31

Arize (rivière), 27

Arles (Bouches-du-Rhône), 44, 65, 70, 104, 167

Asie Mineure, 104, 107, 111

Atax (voir Aude, rivière)

Athènes (Grèce), 34, 64, 107

Atlas (Mont), 98

Auch (Gers), 31, 165

Aude
- rivière, 26
- vallée, 57, 65

Avenches (Suisse), 36

Barcelone (Espagne), 44

Baulaguet (Vieille-Toulouse), 28-29, 56

Bénévent (Italie), 123

Bétique (Espagne), 57

Béziers (Hérault), 19, 49-50, 53, 118, 165

Bordeaux (Gironde), 165

Boussens (Haute-Garonne), 74

Bram (Aude), 36

Bressols (Tarn-et-Garonne), 176

Bretagne (province romaine), 70

Brousse (Tarn), 176

Cahors (Lot), 31, 165, 170

Calagurris (actuel village de Saint-Martory), 74

Campanie (Italie), 57

Cana (noces de), 164, 167

Caraman (Haute-Garonne), 65

Carcassonne (Aude), 18, 44, 49

Centocelle (Italie), 115

Cérynie (Grèce), 86, 91

Champs Catalauniques, 44

Chiragan (Martres-Tolosane, Haute-Garonne), 19, 22-23, 47, 74-75, 79, 85-86, 98-100, 102, 104, 106-107, 109, 111, 117-118, 120, 124-125, 127, 130, 132, 136, 140, 143, 145, 147

Cnide, 104, 106

Colonia Iulia Paterna Claudia Narbo Martius (voir Narbonne)

Colonia Urbs Iulia Baeterrae (voir Béziers)

Constantinople, 70

Cos (Cyclades), 104

Crète, 91, 99

Dax (Landes), p 31, 74

Delphes (Grèce), 27, 60, 64

Eburomagus (voir Bram)

Égypte, 100, 102, 104

Éleusis (Grèce), 117

Elne (Pyrénées-Orientales), 165

Éphèse (Turquie), 43

Épidaure (Grèce), 64

Érymanthe, 86, 91

Espagne, 27, 29, 44, 98

Estarac (Haute-Garonne), 56

Étrurie (Italie), 57

Extrême-Orient, 22

Fa (Aude), 18

Fenouillet (Haute-Garonne), 19, 27, 54-55

Gajic (Croatie), 54

Galane (Lombez, Gers), 62

Gallia (voir Gaule)

Garonne (fleuve), 26-29, 31, 33-34, 36-37, 39, 43-44, 47, 54, 57, 74, 76, 85, 147, 154, 165

Gaule, 26-29, 57, 59, 65-66, 70, 155-156, 173

Germanie, 26

Glanum (Bouches-du-Rhône), 38

Grande Grèce, 55, 57

Grèce, 109

Halicarnasse (Asie Mineure), 40

Haute-Garonne, 75

Héraion (Samos), 65

Hiérapolis (Phrygie), 104

Hispania (voir Espagne)

Italie, 27-28, 47, 56-57

Ivrea (Italie), 36

Jardin des Hespérides, 98

Kunsthistorisches Museum (Antikensammlungen, Vienne, Autriche), 18

La Graufesenque (Millau, Aveyron), 62

Languedoc, 18, 22

Lasgraïsses (Tarn), 27, 55

Lasserre-de-Prouille (Aude), 176

Latium (Italie), 82

Le Pouy-de-Touges (Haute-Garonne), 66

Lectoure (Gers), 37, 165

Lerne, 86

Liebieghaus (Francfort), 107

Loire (fleuve), 44

Lugdunum des Convènes (voir Saint-Bertrand-de-Comminges)

Lyon (Rhône), 40

Mambré, 164

Manses (Ariège), 174

Maouris (voir Fenouillet)

Martres (voir Martres-Tolosane)

Martres-Tolosane (Haute-Garonne), 74, 79, 104, 143

Massif central, 57

Méditerranée, 26, 44, 111

Mérida (Espagne), 44, 104

Midi de la France, 19, 22

Milo (Grèce), 104

Moissac (Tarn-et-Garonne), 170

Montans (Tarn), 62

Muret (Haute-Garonne), 64

Musée archéologique de Florence (Italie), 69

Musée archéologique national de Naples (Italie), 111

Musée Bardini de Florence (Italie), 136

Musée Carnavalet (Paris), 176

Musée de Pamukkale (Turquie), 104

Musée de Toulouse, 47, 118, 160

Musée des Antiques (Toulouse), 18-19, 22

Musée des Antiquités (Toulouse), 19

Musée des Antiquités nationales (Saint-Germain-en-Laye), 47

Musée des Augustins (Toulouse), 19, 22

Musée des Offices (Florence, Italie), 99

Musée du Louvre (Paris), 19, 104, 107, 109, 111

Musée du Prado (Madrid, Espagne), 107, 130

Musée Saint-Raymond, 17-18, 22, 147

Musées du Capitole (Rome, Italie), 82, 118, 132

Musées du Vatican, 82, 107, 111, 115, 118, 122

Museo gregoriano profano (Vatican), 107

Mycènes (Grèce), 91

Narbo (voir Narbonne)

Narbonnaise (province de), 22-23, 27, 29, 31, 36, 47, 67-68, 74, 79

Narbonne (Aude), 26, 28, 31-32, 34, 44, 49-50, 57, 159, 162, 165

Naxos (Grèce), 115

Némée (Grèce), 86, 98-99

Nil (fleuve), 102

Nîmes (Gard), 165

Novempopulanie, 162

Occident, 29, 44, 70, 147, 155, 165

Olympe, 117

Oppidum de l'Ermitage, 56

Orange (Vaucluse), 27, 32

Orient, 40, 44, 147

Ostie (Italie), 41

Palas (rivière), 74, 76

Pamphylie (Asie Mineure), 109

Panthéon (Rome, Italie), 43

Parthénon (Grèce), 37, 109

Péloponnèse, 86

Pénée (fleuve), 91

Péninsule Ibérique, 47, 70

Pergame (Asie Mineure), 98

Phigalie-Bassae (Grèce), 39

Pompéi (Italie), 19

Prima Porta (Rome), 118

Proche-Orient, 26

Provincia, 27

Pyrénées, 18, 44, 57, 165

Revel (Haute-Garonne), 63, 174

Rhône (fleuve), 27, 29, 44, 47

Rieux (Haute-Garonne), 75, 82

Rodez (Aveyron), 165

Rome (Italie), 18, 27, 29, 31, 40, 41, 44, 58, 65, 70, 82, 102, 107, 118, 120, 122, 136, 148, 159, 163, 165-167

Russie méridionale, 155

Saint-Béat (Haute-Garonne), 85, 165

Saint-Bertrand-de-Comminges (Haute-Garonne), 31, 74, 165

Saint-Cizy (Cazères, Haute-Garonne), 172

Saint-Denis (Seine-Saint-Denis), 155

Saint-Élix (Haute-Garonne), 75

Sainte-Suzanne (Ariège), 148

Saint-Félix-de-Lauragais (Haute-Garonne), 174

Saint-Léon (Haute-Garonne), 176

Saint-Martin-de-Luffiac (église d'Auterive, Haute-Garonne), 170

Saint-Martory (Haute-Garonne), voir *Calagurris*

Saint-Orens (prieuré d'Auch, Gers), 164
Saint-Rustice (Haute-Garonne), 44
Salat (rivière), 27
Septimanie, 44
Sicile, 57
Smyrne (Asie Mineure), 27
Stymphale (lac), 91
Sud-ouest de la France, 44, 47, 147, 165-166, 172, 174
Syracuse, 47
Syrie, 17
Tarn (rivière), 27
Tarn-et-Garonne, 176
Tarraconaise, 57
Tarragone (Espagne), 34, 36
Thermes de Caracalla, 111
Thézels (Lot), 170
Thrace, 91
Tolède (Espagne), 44
Tolosa (voir Toulouse)
Touch (rivière), 36-37
Toulouse
    Bazacle (chaussée et gué), 39
    édifices
        Archevêché, 38
        Assézat (hôtel d'), 58
        Augustins (église des)
            cloître, 18-19
        Capitole
            donjon, 62
            temple, 17, 33, 40
        Château narbonnais, 32, 44
        Daurade (église), 37, 40-41, 43-44, 167
        Larrey
            hôpital (ancien), 63, 62, 154
            atelier de potier, 62
        Palais de justice, 32
        Peyrolade (château), 44
        Pierre de Foix (collège de), 20
        Pont-Vieux, 31
        Porte narbonnaise, 153
        Purpan (hôpital), 36

Saint-Aubin (nécropole), 153
Saint-Étienne (porte), 31, 33
Saint-Jacques (église), voir Sainte-Anne, chapelle
Saint-Jean (chapelle), 156
Saint-Martial (collège, actuel hôtel de l'Opéra), 20
Saint-Michel-du-Touch (église), 37, 166-167, 170
Saint-Pierre-des-Cuisines, 154
Saint-Raymond
    chapelle, 20, 158
    collège, 20
    hôpital, 19, 156, 158
Saint-Roch (chapelle), 153
Saint-Sauveur
    chapelle, 153
    nécropole (cimetière), 153, 163
Saint-Sernin
    abbaye, 19-20, 156, 158
    basilique (trésor médiéval), 17-18, 20, 154, 165
    cloître, 167-168
    église, 19, 156-157, 159, 165
    nécropole, 154, 159, 163, 165-166
    presbytère, 22
Sainte-Anne
    chapelle, 37, 41
    cour, 41
Sainte-Marie (église), 41
Institution
    Institut catholique, 31
places
    de Bologne (voir Larrey)
    du Capitole, 36, 58
    Esquirol, 33-34, 40, 62
    Saint-Étienne, 38, 170
    Saint-Pierre, 31
    du Pont-Neuf, 34
    Saint-Raymond, 157
quartiers

Ancely (cité), 37
Ardenne-Haute (terrasse alluviale), 36
    du Mirail, 34
    Saint-Roch, 27
rues
    B.-Mulé, 153
    des Changes, 32
    des Filatiers, 32
    de la Garonnette, 31
    Mercadier, 153
    de Metz, 34
    des Moulins, 31
    Peyrolières, 36
    Romiguières, 154
    Saint-Jacques, 60
    Saint-Rome, 32
    Sainte-Anne, 40, 60
    du Taur, 163
    des Tourneurs, 33
    des Trois-Renards, 156
Tralles (Asie Mineure), 107
Transalpine, 27
Tunisie, 62
Urbs (voir Rome)
Valentine (Haute-Garonne), 160, 162
Velletri (Italie), 109
Vieille-Toulouse (Haute-Garonne), 26-28, 56-57, 61
Villefranche-de-Rouergue (Aveyron), 69
Vouillé (Vienne), 44

INDEX DES NOMS DE PERSONNES ET DIVINITÉS

Abraham, 41, 164, 167
Académie des sciences, inscriptions et belles-lettres, 18, 63, 65, 148
Académie royale de peinture, sculpture et architecture, 18
Achille, 47
Adam, 164
Adam, Jean-Pierre, 36
Agrippa, 50
Agrippa Postumus, 50, 118
Alaric Ier, 44
Alaric II, 44
Albinus, 159
Alcmène, 85
Amazones (voir aussi Hippolyté), 18, 39, 40, 95
Amour(s), 41, 117
Antonia Minor, 53, 118
Antonin le Pieux, 53, 79, 118, 124-125, 127, 132
Antonins (dynastie des), 70, 120, 127, 130, 132
Aphrodite (voir Vénus)
Apis, 104
Apollon Sosien, 40
Apollon, 27, 36, 37, 60, 64, 86, 107
Apôtres, 43, 165-167
Appius Curiatus, 29
Arcadius, 79, 147, 154
Ardius, 58
Arégonde, 155
Arès (voir Mars)
Aréthuse, 47
Ariane, 82, 100, 111, 114-115
Arramond, Jean-Charles, 33
Artémis (voir Diane)
Asclépios (voir Esculape)
Athéna (voir Minerve)
Athéniens, 107
Atlas (divinité), 98
Attila, 44
Attis, 85, 100
Augias, 91
Auguste, 18, 27, 29, 32, 49-50, 57, 79, 118, 120, 125, 130
Aurélien, 31
Ausone, 31
Auxillon (famille d'), 20
Bacchus, 60, 82, 104, 111, 114, 117
Baccrabère, abbé Georges, 31, 37, 153
Badie, Alain, 34
Balty, Jean Charles, 50, 143
Barrière-Flavy, Casimir Bonaventure, 19, 174

Barry, Edward, 19, 64-67, 69
Bassianus (voir Caracalla)
Baudou, Christine, 36
Berthier, Antoine François de, 75, 82
Bertrand, Nicolas, 26
Bibent, Antoine, 19
Boiret, Yves, 23
Bon Pasteur, 166
Borghèse, 107
Boudartchouk, Jean-Luc, 33
Boudet, Richard, 27
Braemer, François, 22
Caius, 50
Caius Aconius Taurus, 74, 79
Caius Volusius, 28
Caligula, 53
Campana (marquis), 19
Caracalla, 130, 132, 138
Cassia Maxima, 159
Castellane (marquis de), 65
Castor, 168
Catel, Guillaume, 26
Celtes, 26-27, 54
Cépion (Quintius Servilius Caepio), 27
Cerbère, 99, 104
Cernunnos, 66
Chambert, Edmond, 75
Charbonneaux, Jean, 22
Chiron, 60, 64
Chrétin, Théodore, 44
Christ (voir aussi Jésus), 41, 163-167
Cicéron, 28
Cirratus, 28
Clarac (comte de), 19, 85, 104
Claude, 37, 53
Clodius Albinus, 127
Clovis, 44
Cnaeus Pompeius Amp[...], 28
Cnaeus Pompeius Hyla, 49
Cnaeus Pompeius Probus, 49
Cnidiens, 106
Colonna, 107
Commode, 127, 143
Constance Chlore, 145
Constantin, 164
Cornelia Domestica, 159
Cornoaille, Servais, 32
Coronis, 64
Crésilas, 109, 115
Cupitus, 159
Cybèle, 49, 85, 100
D. Aemilius Romanus, 159
Daniel, 164
Dèce (voir Trajan Dèce)

Delpalillo, Denis, 28, 33, 43
Déméter, 114, 117
Démophoron, 114
Diallus, 28
Diane, 85, 117, 124
Didius Julianus, 127
Dieu le Père, 163
Dioclétien, 70, 143
Diomède, 91
Dionysos (voir Bacchus)
Dioscures, 168
Discobole, 18, 49
Domergue, Claude, 36
Domitien, 31
Domitius Ahenobarbus, 28
Dotô, 47
Drusus l'Ancien, 53
Drusus le Jeune, 53
Du Mège, Alexandre, 18-19, 22, 75, 79, 104, 118, 122, 145, 149
Echidna, 86
Éphèbe, 69
Ermeneldes, 163
Éros, 60, 115
Esculape, 60, 64, 85, 104, 111
Espérandieu, Émile, 100
Ésus, 66
Étienne (protomartyr), 41
Étrusques, 25, 56
Euric, 44, 167
Eurysthée, 86, 91, 98
Ève, 165
Exupère, 154, 156
Farnèse (collection), 111
Faustine l'Ancienne, 132
Faustine la Jeune, 125
Ferré, Abel, 75
Filicissima, 163
Filippo, Raphaël de, 32-33, 43
Fincker, Myriam, 36
Flaviens (dynastie des), 34, 120
Fontéius, 28
Fort, Pierre, 31
Fouet, Georges, 162
Francs, 44
Frédéric, 44
Frézals, Victor de, 75
Gairard, Raymond (voir aussi saint Raymond), 19, 156, 159
Galère, 145
Galeria Valeria Eutropia, 145
Galeria Valeria Maximilla, 145
Gegas, 58
Genius Populi Romani, 70

Gens Aconia, 74
Germanicus, 53
Géryon, 85, 98
Geta, 132
Gordien I, 140
Gordien III, 148
Gorgone(s), 85, 98
Goths, 44
Grecs, 26, 40, 60, 64-65, 69
Grégoire de Tours, 41
Grégoire IX, 20
Guillaume IV (comte de Toulouse), 19, 156
Hadès (voir Pluton)
Hadès-Sarapis (voir Sarapis-Pluton)
Hadrien, 123-124
Harpocrate, 100, 102
Hébreux dans la fournaise, 41
Helvius Pertinax (voir Pertinax)
Héra (voir Junon)
Héraclès (voir Hercule)
Hercule, 39, 49, 85-86, 91, 95, 98-99, 104, 111, 143
Herculis Invictus, 49
Herculius (voir Maximien Hercule)
Hermaphrodite, 115
Hermary, Antoine, 117
Hermès (voir Mercure)
Hérode Atticus, 85
Hespérides, 98
Hilaire, 154
Hilarus, 28
Hippolyté, 95
Honorius, 44, 147
Horus, 102
Hygie, 115
Ibères, 26
Idolino, 69
Ilunnus Andose, 69
Ino, 47
Iolaos, 86
Isaac (sacrifice d'), 164
Isarn de Lavaur (évêque), 19, 156
Isis, 100, 102, 142
Iulia Graphis, 159
Iulii, 39
Jacques (Protévangile de), 164
Jean (Évangile de), 167
Jésus (voir aussi Christ), 41, 163-164
Jonas, 62
Joulin, Léon, 75-76, 79, 85-86, 99, 118, 122, 147
Jourdain (abbé), 158
Jovius (voir Dioclétien)

Jules César, 49, 120, 147
Julie, 50
Julio-Claudiens (dynastie des), 50, 118, 120
Junon, 85-86, 98
Jupiter, 64-65, 85, 98, 104, 117, 143
Jupiter *Brontaios*, 65
Jupiter-Sarapis, 104
Jupiter Tonans, 65
Kaufmann, 107
Koré (voir Proserpine)
Labrousse, Jacqueline, 23
Labrousse, Michel, 22, 29, 31
Lagides, 102
Lancelotti (collection), 107
Lazare, 164, 167
Le Blant, Edmont, 168
Lebègue, Albert, 75
Ledesmé, Jean-Charles, 75
Léocharès, 65
Liitci A, 58
Livie, 50
Lucius, 50
Lucius Vercius Priscus, 49
Lucius Verus, 125
Lysippe, 111
Macrin, 138
Marc Antoine, 53
Marc Aurèle, 118, 125, 127, 130, 136
Marcellus, 50, 118
Marcus Antonius Primus, 37
Marcus Arunceius, 49
Marcus Cartimus Dextrus, 160
Marcus Flavius, 28
Marcus Flavius Avitus, 44
Marcus Messius, 49
Marie (sœur de Lazare), 164
Marie (voir aussi Vierge), 164
Marquefave, Raymond Guillaume de, 156
Mars, 49, 65
Marsyas, 107
Martial, 37
Martin de Saint-Amand, Charles-Clément, 148
Martin, dom J., 41, 43
Maxence, 145
Maximien Hercule, 86, 143, 145
Maximin le Thrace, 140
Médicis (famille), 104
Méduse, 109
Mégara, 85
Méléagre, 168
Mercure, 66, 117
Mesplé, Paul, 111
Messia, 49
Mesuret, Robert, 22-23, 118
Minerve, 37, 39, 85-86, 91, 98-99, 107, 109, 114-115, 117
Moïse, 163
Montégut, Jean-François de, 37
Moret, Pierre, 26
Morvillez, Éric, 44
Müller, André, 31
Muse(s), 36, 60

Myron, 49, 65, 107
Naïn, 167
Néron, 70
Noguier, Antoine, 26, 32
Nymfius, 19, 160, 162
Nymphogénès, 67
Océan (titan, dieu), 45
Octave (voir Auguste)
Octavie, 53
Olympiens, 85
Orose, 27
Osiris, 102
Pailler, Jean-Marie, 31, 36, 160
Pallas (voir Minerve)
Pan, 47, 166
Paul (voir saint Paul)
Pausanias, 107
Pédauque (reine), 167
Perséphone (voir Proserpine)
Perses, 107
Pertinax, 127, 132
Pescennius Niger, 127
Phi(o ?)dar, 28
Phidias, 64, 109
Philippe II (voir Philippe le Jeune)
Philippe l'Arabe, 140
Philippe le Jeune, 140, 147
Philodamus, 28
Phryné, 106
Picard, Charles, 106
Pierre (voir saint Pierre)
Pierre, Raymond, 156
Platon, 106
Pline l'Ancien, 64
Pluton, 104, 117
Pollux, 168
Polyclète, 69
Ponchet, Pierre, 156
Posidonios, 26-27
Pourtalès, 65
Praxitèle, 104, 106, 111, 115
Privat, Louis, 20
Proserpine, 117
Psyché, 41
Ptolémée Ier Sôter, 104
Publius Attius, 28
Pyramus, 58
Pythagore, 117
Quintus Fufius, 28
Quintus Trebellius Rufus, 34
Rachou, Henri, 100
Ragnahild, 167
Roma, 59
Romains, 27, 29, 44, 47, 56, 58-59, 68-69, 109, 147
Roumeguère, Casimir, 148
Ruel, Françoise, 23
Sabine, 124, 147
Sabini, 36
Saboulard, Gabriel, 75
Saint Clair, 164
Saint Jacques, 41
Saint Jean, 159
Saint Paul, 165-166
Saint Pierre, 163, 165-166

Saint Raymond (voir aussi Gairard, Raymond), 19, 159
Saint Saturnin, 17, 19, 33, 40-41, 159, 165
Saint-André (famille de, Mathieu, Pierre), 21, 159
Salomé, 164
Salvan, 66
Salviat, François, 120
Sara, 164
Sarapis, 100, 102, 104, 127
Sarapis-Pluton, 102
Sarni (voir saint Saturnin)
Saturnini (voir saint Saturnin)
Saturninus (voir saint Saturnin)
Savès, Georges, 32
Scribonia, 50
Sénat, 44, 118, 127
Septime Sévère, 70, 127, 130
Serana, 162
Sernin (voir saint Saturnin)
Sévères (dynastie des), 79, 104, 127, 132
Sextus Iulius, 34
Sidoine Apollinaire, 37, 44
Silène(s), 39, 107
Silve, 154
Slavazzi, Fabrizio, 107, 109
Société archéologique du Midi de la France, 19, 75
Socrate, 117
Soulié, Léon, 20
Strabon, 26-27
Surus, 28
Sylla, 70
Tectosages (voir Volques Tectosages)
Tétricus, 138
Théodoric Ier, 44
Théodoric II, 44
Théodose, 147, 154
Thésée, 39, 115
Thétis, 47
Thorismond, 44
Tibère, 17, 27, 50, 53, 118, 120
Timagène d'Alexandrie, 27
Timésithée, 148
Tolosanus, 154
Tolosates, 27
Trajan, 79, 118, 120, 122, 124, 127
Trajan Dèce, 18, 33, 40, 140, 147
Tranquilline, 148
Triptolème, 117
Triton, 47
Typhon, 86
Valens, 154
Vandales, 147
Varia Clymen, 160
Vénus, 75, 85, 104, 106-107
Vergnet-Ruiz, Jean, 22
Vespasien, 34
Victoire, 59-109-115
Vidal, Michel, 27-28, 31
Vierge (voir aussi Marie), 41
Vierge à l'Enfant, 164
Viollet-le-Duc, Eugène, 21-22

Vipsania Agrippina, 53
Vitry, Urbain, 75
Voinchet, Bernard, 21, 23
Volques Tectosages, 26-27, 54
Voltinia, 34
Vulcain, 85, 91
Wallia, 44, 147
Wisigoths, 44
Zeus (voir Jupiter)

Conception graphique : Bruno Pfäffli
Corrections : Claire Jorrand
Photogravure : Fotolito Star, Grassobbio, Italie
Flashage : GPI, Juigné-sur-Sarthe
Achevé d'imprimer en avril 1999 sur les presses de Grafedit, Azzano-San-Paolo, Italie